Decentralized Finance

# DeFiビジネス入門

## 分散型金融の仕組みから<br>法律・会計・税務まで

株式会社HashHub
KPMGジャパン
アンダーソン・毛利・友常 法律事務所 外国法共同事業
編

中央経済社

# 序：DeFiの未来

## ■DeFiがもたらす未来を想像する

本書は，DeFiの概要・仕組みに始まり，法規制までを広範に紹介する書籍です。第1章では，そもそも「DeFiとは何か」「どのようなビジネスが行われているか」といった基礎的な知識について解説しています。また，第2章では，DeFiが既存の金融ビジネスにもたらす影響を整理しています。さらに，DeFiをビジネスとして行ったり，自社のビジネスにDeFiを取り入れたりしていく際に，法規制や会計処理，税務上の取扱いがどうなるかといった具体的な解説を第3章以降で行っています。

この序では，やや抽象度が高くなりますが，筆者の視点でみた「DeFiの未来」を皆さんと共有したいと思います。その狙いは，これからますます拡大していくであろうDeFiの可能性に少しでも「ワクワクしてもらうこと」です。その結果，より各事項の詳細に迫った他の章の実務的な内容もさらに楽しめるのではないかと期待しています。

とはいえ，その未来予想も荒唐無稽なものではなく，DeFiの特性や現在の状況を踏まえて，なるべく説得力のあるように説明します。

筆者自身も，DeFiのエコシステムが発展を始めた2020年頃からDeFiの様々なアプリケーションに触れてきましたし，そのDeFiを使用して現在進行形でビジネスを展開している1人です。この世界の面白さを少しでも伝えられたらと思います。

## ■DeFiの真の革新性

DeFiの革新性を一言で表すとしたら何でしょうか。DeFiの革新性についてはいくらでも挙げることができますが，「一言」に絞って表現するのはこの分野に詳しい人ほど難しいのではないかと思います。DeFiの革新性としては，たとえば以下のようなものがあります。

- 金融取引の処理の多くがスマートコントラクトによって自動執行されるこ

と

- 担保清算の処理などがインセンティブ設計された第三者などによって執行されること
- コンポーザビリティ（他のDappsへの接続可能性），各プロトコルの統合性が優れていること
- DAOやトークンエコノミクスによって自律分散的にプロトコルがアップデートすること
- ２つのアセットがアトミック性（出金・入金などのトランザクションの個々の手続が一体となって行われ不可分であること）を担保して確実に交換が実行されるDvP（Delivery versus Payment）決済がデフォルトであること（証券取引におけるＴ＋２が発生しない）

このいずれもが重要ですが，筆者が考えるさらに特筆すべき真の革新性は，「誰でもアクセス可能なブロックチェーン上のステート（状態）に取引流動性が存在すること」です。この要素はDeFiの将来を考えるにあたって極めて重要です。

DeFiはEthereumをはじめとするパブリックブロックチェーン上に構築される金融システム群です。DeFiが発展する2020年以前の暗号資産の取引では，取引所のサーバ内に取引流動性が閉じて（集約されて）いて，そこが取引の中心地でした。株式会社の取引所（日本国内であればbitFlyerやビットバンク）が取引板を作って，そこに売りたい人と買いたい人を集めてマッチングします。これが「流動性を集める」ということですが，この流動性は取引所のサーバ内に閉じた状態となっています。しかし，DeFiであればこの取引流動性がパブリックブロックチェーン上の取引所（分散型取引所と呼ばれるDEX）にあり，この流動性に誰でもアクセスできます。

この「誰でも流動性にアクセスができる」という観点が重要です。誰でもアクセスできるということは，今この本を読んでいるあなたが，あるアセットをすぐに買いに行くこともできるということです。あるいは，そのアセットを販売する代理店，つまりブローカー・ディーラーのようなことを行うことも，（規制を度外視すれば）技術的には可能です。

従来であればこれは不可能でした。中央集権取引所が許可を出した協業プレイヤーにAPIを発行して，流動性にアクセスできるようにすることはできましたが，完全に誰もがアクセスできるような形式ではありませんでした。

この構図は，暗号資産の取引に限ったことではなく，伝統的な金融取引でも同じです。取引流動性が東京証券取引所やニューヨーク証券取引所に存在していて，その流動性にアクセス権がある証券会社が各顧客の注文を集めて，取引を処理しています。東京証券取引所やニューヨーク証券取引所の流動性は外部に開かれているわけではなく，私が明日からその流動性にアクセスしてビジネスをしたいと考えても現実的ではありません。

しかし，DeFiの世界ではこれが異なります。Ethereum上あるいは他のブロックチェーン上のステートの流動性にアクセスして，ビジネスを展開することは技術的に可能です。そして，それは実際にこの数年で爆発的に増えています。私が経営する会社HashHubもその１つです。

こういった特性から数々のサードパーティが，ブロックチェーン上のステートの流動性を参照して，新しい金融サービスを作ります。結果として，ブロックチェーン上のステートにある流動性はさらに増加して，文字どおり流動性が流動性を呼ぶサイクルが出来上がります。DeFiが2020年から2022年の間に短期間で爆発的に成長しているのは，このような性質が多分に影響しています。

金融の世界においては，誰もが「買いたい時」「売りたい時」に売買できる取引流動性という概念は非常に重要です。DeFiはその性質から取引流動性の中心地になります。

その世界観においては，今まで流動性を溜め込む主体であった取引所や，そこにアクセスするブローカー・ディーラーの役割は大きく変わります。このようなトレンドを私は，「誰でもアクセス可能なブロックチェーン上のステートに流動性が存在することにより，金融のアーキテクチャが変わる」と表現しています。

### ■DeFiはどのように社会や金融ビジネスを侵食するのか

ここまでDeFiが，金融の要である流動性をこれまで以上に呼び込むアーキテクチャであることを説明しました。それこそがDeFiの革新性の核であり，今後暗号資産の文脈だけにとどまらず，様々な金融の世界を侵食する基盤になりうると考えています。

それでは，DeFiは，どのように社会や金融ビジネスを侵食していくのでしょうか。まず，これだけDeFiの革新性を説いても，エンドユーザーの多数派が直接DeFiアプリケーションを使うような世界は想像しづらいだろうと筆者は考えています。直接DeFiに触れるユーザーは，コアな個人投資家や，DeFiで資金を動かすことを専門にしている事業者が中心になるはずです。

その理由は，DeFiの複雑さに起因します。秘密鍵の保管・スマートコントラクトリスクの算定・ハッキングや盗難を防ぐための環境構築・各DeFiアプリケーションの仕組みの理解，挙げたらきりがありませんが，これらは一般ユーザーが使うことを想定すると，大きすぎる障壁といえます。これらの障壁を取り除くには，サードパーティ事業者が仲介をして，ユーザーは直接DeFiには触れず，間接的に使うという形態にならざるを得ません。

その場合，たとえば，一般のエンドユーザーは，DeFiで運用していることが前提のファンドなどを利用したり，あるいはある金融商品を購入したら，その裏側で実はDeFiが活用されていた，といった形で利用することになるはずです。取引所が行うレンディングサービスなど，すでに暗号資産業界では一部の金融商品はそのようになっています。

加えて，新しいインターネット体験，いわゆるWeb3.0やメタバースにカテゴライズされるアプリケーションが，裏側でDeFiと統合されていくはずです。

たとえば，NFTをゲームアイテムとして実装したブロックチェーンゲーム（GameFi）という新たなカテゴリが勃興しつつあります（「第１章4(3)GameFiの仕組みを支えるDeFi」参照）。今後，こういったコンシューマアプリケーションは，ユーザーエクスペリエンスが向上し，ユーザーはブロックチェーンを意識することなく遊べるようになるはずです。

そんなアプリケーションのフロントエンド，つまりゲームという仮想世界で「ゲームアイテムを売却する」をクリックすると，その裏側では分散型取引所（DEX）にオーダーが出されて「実世界で」売却されている，そのような世界が訪れるのです。つまり，ユーザーは知らず知らずのうちに，DeFiの世界に足を踏み込んでいくということになるのです。ここでは，ブロックチェーンゲームを例にしましたが，これはゲームに限らず，ソーシャルVRやトークンを使った他のアプリケーションカテゴリでもいえることでしょう。

まとめると今後３年程度で以下のようなDeFiユーザーが生まれてくるのではないかと予想しています。

- 暗号資産のコアユーザーが直接DeFiを触る
- 暗号資産ファンドやレンディングなどを通して間接的にDeFiを触る
- ゲームや他のアプリケーションの機能の一部がDeFiに接続されていて，ユーザーは知らず知らずのうちにDeFiに触っている

このように，DeFiの浸透は，伝統的な金融産業というよりも，おそらく暗号資産やコンシューマアプリケーションなど，成長期にある産業から進むはずです。

しかしながら，そうやって成熟に向かったDeFiのエコシステムは，５年や10年の時間軸で見れば，伝統的な金融取引の一部にまで侵食していくだろうと筆者は予測しています。

伝統的な金融の世界の住人から見れば，DeFiは今のところ，しょせん暗号資産やゲーム内のトークンをやり取りしている金融システムにすぎません。実際にそういったもののやり取りでDeFiのインフラは発展するでしょうが，いずれ数十兆円・数百兆円の規模になるはずです（この原稿の執筆時点（2023年２月時点）でDeFiのスマートコントラクトに供給されている資金の合計は約６兆円です。DeFiデータサイトのDeFiLlama（https://defillama.com/参照））。

数十兆円やそれ以上の規模になったとき，伝統的な金融から見ても「しょせん暗号資産向けの取引システム」とは言っていられなくなるでしょう。

金融取引は結局のところ情報・数字のやり取りです。暗号資産の取引であっても，株式や債券の取引であっても，数字のやり取りには変わりありません。「しょせん暗号資産」で成長をした数十兆円や数百兆円の取引インフラは，やがて株式や債券などの伝統的な資産クラスでも応用されていくでしょう。そのときには，今日のDeFiのスマートコントラクトは，より堅牢な金融システムになっているはずです。そうやって徐々にDeFiはその影響力を強めていく

ことが予想できます。

インターネットやスマートフォンも最初から全世界に普及する（とかビジネスで当たり前のように活用される）と考えられていたわけではなく，コアなユーザーの「おもちゃ」のようなものだったといえるかもしれません。ですが，そのおもちゃが誰もが使えるものとなり，世界を変えています。DeFiもまた最初はおもちゃのようなものでしたが，今日では数兆円の取引インフラになり，すでにおもちゃの域から脱しつつあります。

おもちゃがいつの間にか世界を侵食するというのは，これまでも繰り返されてきたことで，DeFiでもまた繰り返されることだと筆者は確信しています。

2023年４月　執筆者を代表して

株式会社HashHub　CEO

平野　淳也

# 目　次

## 第5章　DeFiの税務　197

第 1 章

# DeFiの基本とユースケース

# DeFiとは何か

現在，インターネットの誕生と同規模の大きな技術変革が生まれているといわれています。その技術はブロックチェーンと呼ばれ，2022年現在ではその技術を使った分散型（非中央集権型）のインターネットが「Web3.0（Web3）」という言葉で盛んに議論されています。Web3においては，デジタル世界で所有権を証明する「NFT」や，そのNFTを使って仮想世界でビジネスを行う「メタバース」，Gameを楽しみながらお金を稼ぐ「GameFi」などが注目されています。しかし，このWeb3の仕組みを裏で支えるDeFiという分野にはあまり注目が集まっていません。

DeFiは分散型金融（Decentralized Finance）と呼ばれる分野で，2017年末にMakerDAOというEthereum（イーサリアム）ネットワーク上のプロジェクトからこのDeFiという言葉が使われ始めました。当初はDeFiという言葉ではなく，Open Financeと呼ばれることもありました。このDeFiは従来の伝統的金融とは異なる性質を持っています。

本章では，このDeFiの根幹を支えるブロックチェーンの仕組みについて簡単に説明し，DeFiがどのようなビジネスに利用されているかを紹介します。また，マネーレゴとも呼ばれるDeFiの特徴を活かした構成可能性（Composability）から，DeFiの全体像を解説します。

## (1) DeFiの根幹を支えるブロックチェーン

DeFiはその特徴として，仲介者の削除など伝統的な金融とはコスト構造が異なります。また，サービス提供者の許可なしに誰でも利用可能であり，透明性の高さにより誰でも取引状況を閲覧可能です。この仕組みを支えるのがブロックチェーンの技術です。まずはこのブロックチェーンの歴史から見ていきます。

ブロックチェーンは，2008年にサトシ・ナカモトを名乗る技術者が提案した，Bitcoin（ビットコイン，BTC）のホワイトペーパー中に登場した技術です。その歴史は，９頁のホワイトペーパーがCryptography（暗号学）のメーリングリストに投稿されたところから始まっています。Bitcoinはネットワークに貢献した人に報酬を与えるインセンティブ設計を駆使し，関係者が保有するデータベースの内容が一致する設計になっています。また，金銭的なデータを扱う際に課題となる二重支払も解決しています。さらに，関係者で分散型台帳を共有しているため，どこかの台帳が攻撃されても他の台帳でネットワーク構成を続けることが可能で，単一障害点（ある１つの箇所が機能しない場合にシステム全体が停止してしまうような箇所）の課題も解決しています。

これは現在のインターネットの主流になっている仕組みとは異なります。現在インターネットで一般的に使用されているのはクライアントサーバ方式で，少数のサーバに多数のクライアントが接続するモデルです。この方式の場合，サーバが単一障害点となり，サーバが攻撃を受けるとダウンするおそれがあります。これに対してBitcoinをはじめとするブロックチェーンでは，P2P（Peer-to-Peer）方式を使用しています。この方式は，単一障害点になりうるサーバに頼るのではなく，ノード（サーバ）を複数持つことで課題の解決を行っています（**図表１－１，図表１－２**）。

しかし，P2P方式には，ネットワーク全体の最新の状況がわかりづらいという課題があります。クライアントサーバ方式では中央集権的なサーバによって最新の状況がネットワーク全体に共有されますが，P2P方式ではすべてのノードが最新の状況を把握しておく必要があります。それを実現するのが独自のタイムスタンプとPoW（Proof of Work）という合意形成アルゴリズムです。

クライアントサーバ方式では，中央集権的なサーバが時間を管理しており，システム全体の時間を合わせることができます。しかし，P2P方式では管理を行うサーバが存在しないため，すべてのノードが時間を合わせることができません。そこで，ある出来事が起きた絶対時間ではなく，出来事を順序付ける相対時間を使って状態を管理しています。

しかし，ここで出てくる課題として，異なるクライアントが同じタイミングでトランザクション（命令）を要求したときの処理方法があります。同時多発

## 図表1－1　ブロックチェーンの概要

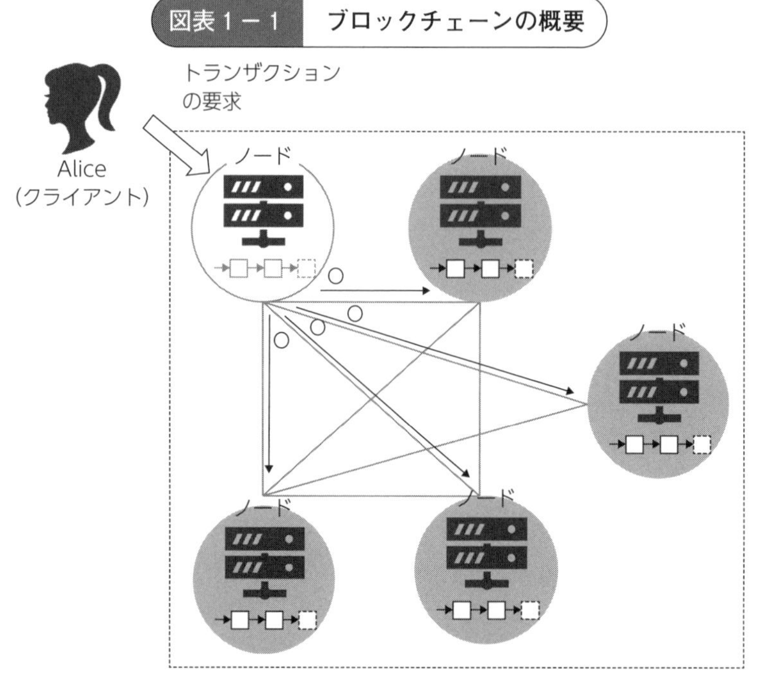


（出所）　白石善明・掛井将平「ブロックチェーンの合意形成アルゴリズム」『電子情報通信学会　通信ソサイエティマガジン』2020年14巻1号20頁を参考に作成

## 図表1－2　クライアントサーバ方式とP2P方式

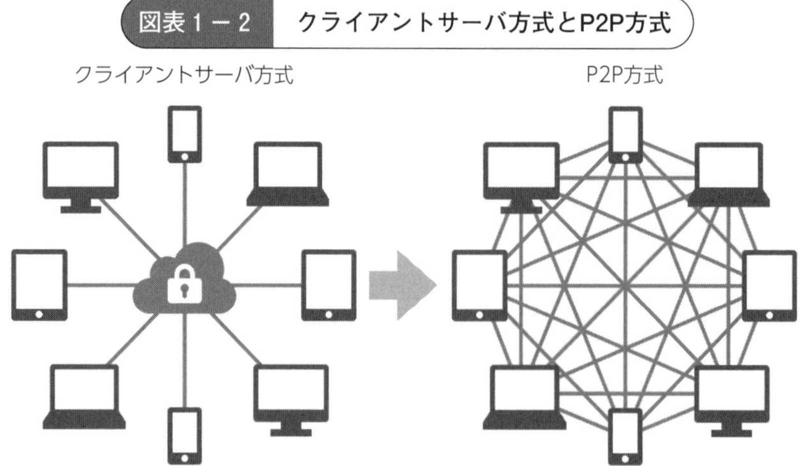

**図表１－３　トランザクション履歴の分岐**

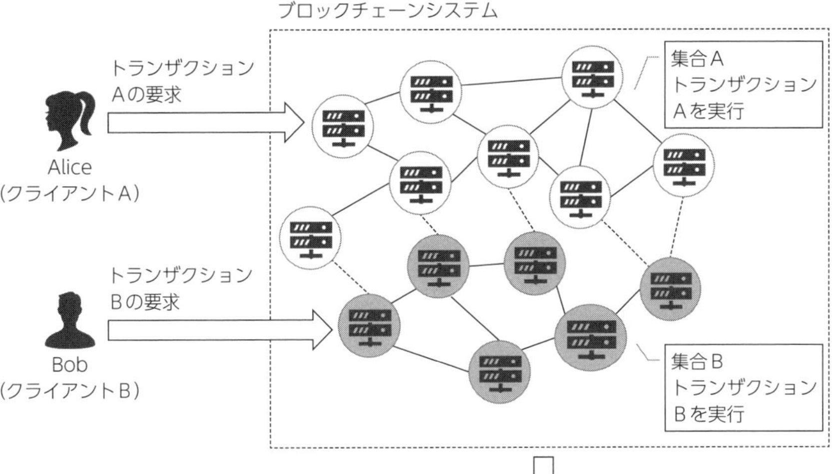


（出所）　白石善明・掛井将平「ブロックチェーンの合意形成アルゴリズム」『電子情報通信学会　通信ソサイエティマガジン』2020年14巻１号20頁を参考に作成

的に発生したトランザクションを各ノードが独断でブロックに取り込むと，トランザクション履歴の分岐が起きます（**図表１－３**）。履歴が分岐すると一方のチェーンで取り込まれたトランザクションが，他方では取り込まれていないという問題が起きます。ここでどちらの分岐を正しい履歴とするかを全チェーンで合意する必要があります。

ここで登場するのがPoWです。PoWは暗号学的ハッシュ(1)関数の出力値を

---

(1)「ハッシュ」はブロックチェーンの理解には欠かせない用語で，「切り刻む」とか「細かく切る」といった意味を持つ英単語であり，転じて「データから算出した小さな値」を意味します。ブロックチェーンの文脈では，大雑把にいうと，取引（トランザクション）データを英数字の羅列に暗号化する技術のことをいい，ある取引のデータから導かれた英数字の羅列をハッシュ値といいます。算出されたハッシュ値は，取引の履歴とともにブロックに記録されます。その次の取引データも同様にハッシュ値が算出されますが，前のブロックのハッシュ値とともに次のブロックに記録されます。こうして時系列で安全にブロックをつないでいくことができます。

使用しています。暗号学的ハッシュ関数は入力値に対して何らかの値を出力する関数で，同じ入力値に対しては同じ値を出力します。ただ，入力値から出力値を推定するのは困難であるため，正しい入力値を見つけるには総当たりで導き出す必要があります。PoWはこの暗号学的ハッシュ関数の出力値がある数値以下になる入力値を見つける計算を，ネットワークに参加するすべてのノードで一斉に行います。このとき最初にナンス（解）を見つけたノードにBTCを報酬として与える行為を「マイニング」と呼び，マイニングを行うノードを「マイナー」と呼びます。

PoWではこのナンスを含むブロックが新たにチェーンに接続されます。しかし，各マイナーが競争を行いブロックの接続を行うため，互いの知らないところで別々のナンスが発見されることがあります。これはトランザクション履歴の分岐を意味しますが，分岐後も各マイナーは任意の分岐を選んでマイニングを継続し，最も長く成長したチェーンを正当なチェーンとして扱います。正当なチェーンに含まれなかったブロックの報酬は手に入らないため，マイナーが正当なチェーンに集約されるインセンティブになっています（**図表１－４**）。

このような仕組みで，インセンティブ設計を駆使しながら二重支払を避けたネットワークを構築することができます。

**図表１－４　トランザクション履歴の分岐と選択**

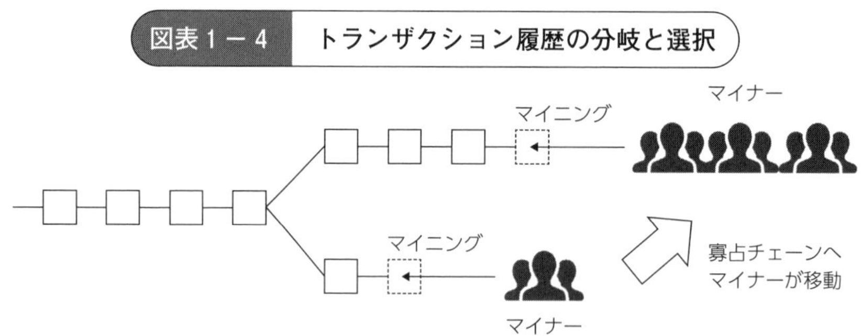


（出所）　白石善明・掛井将平「ブロックチェーンの合意形成アルゴリズム」『電子情報通信学会　通信ソサイエティマガジン』2020年14巻１号23頁を参考に作成

## ⑵ DeFiとは

DeFi（Decentralized Finance）は，前述したブロックチェーン（分散型台帳）の性質を活かして提供される金融サービスの総称です。従来の金融サービスの課題として，管理者が仲介することで発生する不利益があります。金融サービスはその性質上正確なデータを顧客に提供する必要があるため，管理のために，システム関連のコストや人的コストが多くかかっています。それにもかかわらず，多くのコストをかけて作成された大手銀行のシステムトラブルで，ATMの停止などの問題が発生しています。また，信頼できる仲介者の存在が必要であり，取引所から利用者の納得できない理由で資金が引き出せなくなるなどの事態も発生しています。

また，2022年11月には当時取引高で世界第２位だったFTX社から，不透明な経営が理由で資金が引き出せなくなっています。DeFiはこれらの課題を解決するもので，低コスト，透明性，誰でも運営者になれるという特徴を持っています。FTX社の破綻で「人」に左右されがちなCeFi（Centralized Finance）に対する風当たりはきつくなり規制も進むと思われます。「Code is Law」の理念のもとスマートコントラクトによる自動執行で「人」に左右される要素をなるべく排除しようとするDeFiへの期待が高まることが予想されます。

### ① スマートコントラクト

このDeFiは前述のブロックチェーンと，ブロックチェーン上のスマートコントラクトによって実行されます。このスマートコントラクトについて少し説明します。

スマートコントラクトは，「ブロックチェーン上で指定した条件に沿って処理を実行するプログラム」のことです。自動販売機の例でよくたとえられ，ユーザーが購入に必要な金額を投入し，購入したい商品のボタンを押すという２つの条件が満たされると，商品を販売するという結果を返します。これだけなら通常のプログラムと変わりませんが，ブロックチェーンによる改ざん耐性がこれを特別なものにしています。この改ざん耐性はPoWでは計算資源が十分に存在し分散化されていて，その計算資源が偏りにくい状態であれば担保されます。

ブロックチェーン上に実装されたスマートコントラクトを変更するには，ブロックチェーンの巻き戻しが必要になるため，変更や改ざんが非常に難しくなります。また，ブロックチェーンが継続している限りコントラクトも継続され，実行された結果も変更することは非常に難しいです。

通常の取引であれば，条件の実行と実行された結果については相手との信頼関係なしに成り立ちませんが，ブロックチェーン上に実装されたスマートコントラクトにおいては，相手を信頼することなく取引を実行することが可能です。DeFiはこの仕組みを利用して既存の課題を解決しています。まずスマートコントラクトによって条件に応じて自動で実行されるために，仲介者が不要でコストの削減ができます。また，ブロックチェーン上の実行結果はほぼすべてが公開されているために透明性が高く，不正を働きにくくなります。

### ② 一般参加者が資金提供者として参加できる

また，DeFiの他の大きな特徴として，一般参加者が資金提供者として参加できる点があります。従来の金融機関では一般参加者が運営側に加わることはありませんでした。免許を保有している金融機関が運営を行い，一般参加者は自身の金融資産を使って金融機関の作成する商品を購入し，手数料を金融機関に支払っていました。これに対してDeFiでは，一般参加者が資金提供者として参加することが可能です。たとえば資金の貸し手としてレンディングプラットフォームに参加したり，取引所で利用される資金プールに参加することができます。この詳細はDeFiプラットフォームの説明で触れます。

ただ，これらの特徴はネットワークが一般参加者に開放されているパブリックブロックチェーンの特徴である点に注意が必要です。ブロックチェーンには企業内で閉じているプライベートチェーン，複数の企業間で共有されているエンタープライズチェーン，一般に参加者が公開されているパブリックブロックチェーンの３種類があります。一般的にブロックチェーンの特徴として挙げられるものは，パブリックブロックチェーンを利用しているものを前提としています。

# 2 DeFiアプリケーションの種類

## (1) DeFiのレイヤー構造

ここからはDeFi上に構築されているアプリケーションの詳細に触れていきます。先ほど説明したブロックチェーン上に，分散型の金融システムとして構築されたものがDeFiです。このDeFiの特徴として，他の様々なアプリケーションと組み合わせて利用できる構成可用性（Composability）があります。DeFiはマネーレゴ（レゴ社の製品より）とも呼ばれ，各DeFiプロトコルをレゴブロックのようにパーツとして利用することで，新たなDeFiプロトコルを生み出す材料にすることができます。これは各DeFiプロトコルが外部とつながるように標準化がされているために可能になっています。

各DeFiプロトコルはオープンソースと呼ばれる仕組みで作成されています。オープンソース（Open Source Software，OSS）とは，ソフトウェアの設計図にあたるソースコードを無料で公開することで，誰でもそのソフトウェアを間接的に利用することができ，また複製，改良，再配布することも可能なものとする仕組みです。ソースコードを公開することでブロックチェーンの特徴である透明性にも寄与しており，悪意のあるコードが含まれていないことの証明にもなります。また，第三者がソフトウェアの不具合（バグ）を見つけることも可能で，バグの発見者に報酬を与えるバグバウンティ（Bug Bounty）という仕組みもあります。しかし，悪意のある攻撃者にバグを発見されると，DeFiプロトコル中の資金を奪われるハッキング被害につながり，度々資金の流出も起きています。

**図表１－５**ではそのDeFiの構造を説明しています。まず一番下のレイヤーに，ブロックチェーン上でスマートコントラクトを実行する，Ethereum,

図表1－5　DeFiのレイヤー構造

| レイヤー | ブロックチェーン | |
|---|---|---|
| 法定通貨ゲートウェイ | 取引所など<br>(国内取引所，Paypal，Stripe等) | |
| CeFi：Centralized Finance<br>(中央集権的な金融機関) | DeFi利用CeFi<br>(一般企業や取引所が行うレンディング等) | |
| DeFiアプリケーション | DeFiツール<br>(1inch Exchange等) | |
| | DeFiインフラ<br>(Uniswap，MakerDAO等) | |
| アプリケーション基盤 | ガバナンストークン | オラクル |
| スケーリングソリューション<br>(レイヤー2，サイドチェーン) | レイヤー2，サイドチェーン<br>(Polygon，Optimism，zkSync等) | |
| 基盤ブロックチェーン<br>(レイヤー1) | レイヤー1チェーン<br>(Ethereum，Solana等) | |

Solana（ソラナ），Polygon（ポリゴン）などが存在します。これらのプロトコルは一番下のレイヤーとして使われることが多いため，レイヤー1チェーンと呼ばれることもあります。それぞれ独自の合意形成アルゴリズムやシビルアタック耐性を採用しており，処理能力（Transaction per second, TPS）や分散性も多様です。DeFiは必然的に資産性を持つトークンを扱うことになるため，そのインフラとなるブロックチェーンの特性を理解し，その構造や特性，障害点となりうる領域を理解しておく必要があります。

このレイヤー1チェーンを土台として，その上にレイヤー2やサイドチェーンが構築されることもあります。さらにその上に構築されるDeFiプロトコルをここではDeFiインフラと呼びます。これはDeFiプロトコルの中でも比較的初期に誕生したもので，他の多くのDeFiプロトコルを構成するパーツとして使われています。分散型取引所（Decentralized Exchange, DEX），レンディング，合成資産などが多く，Ethereum上でいうUniswap，Curve，Aave，Synthetixなどのプロトコルが当てはまります。また，Ethereum以外のSolanaやPolygon

といったレイヤー1チェーンでも，オープンソースの利点を活かし，Uniswapなどのソースコードをコピーすることにより似た役割を持つプロトコルが生まれています。

このDeFiインフラを使って構築されるのがDeFiツールと呼ばれるプロトコルです。これはDeFiインフラの機能を使いながらより便利にしたもので，たとえば複数あるDEX（Decentralized Exchange）やレンディング中でも最も効率の良いものを自動で選択するアグリゲーターや，DeFiインフラをAPI（Application Programming Interface）としてアプリケーションの部品のように扱い，複数の操作を一括して行う1inch Exchangeのようなプロトコルがあります。

また，これらのDeFiインフラやツールを使って資産運用を行うCeFi（Centralized Finance）のような会社も存在しています。これは民間企業や国内外のCEX（Centralized Exchange）と呼ばれる中央集権的な暗号資産取引所のレンディングサービスが挙げられます。これらはDeFiインフラやツールを使いながら，DeFiのみでは難しいアグリゲーションやリスク管理を業者の手で行います。人の手が入っているため厳密にいうとDeFiの分類には入りません

最も上位のレイヤーに位置するのが法定通貨ゲートウェイです。これは暗号資産を法定通貨（Fiatと呼ばれることもあります）と交換する際に使用する事業者で，上記のCEX，PayPal，Stripeなどが該当します。

これらに加えて，ウォレットと呼ばれる暗号資産の管理やブロックチェーンとの通信を行うソフトウェア/ハードウェア，フロントエンドを提供するユーザーインターフェース（UI），独自トークン，コード監査会社，ブロックチェーン関連のデータを提供するインフラサービス等がDeFiのエコシステムを形成しています。

基本的にDeFi上で運用されるアセットやコントラクトは，高レイヤーに属するものから低レイヤーに属するものへの依存関係があります。たとえば，基盤ブロックチェーンの稼働が停止するとトランザクションの生成とそれに伴う状態遷移を起こせないため，高レイヤーの活動も同様に停止します。

また，低レイヤーで発生した事象は高レイヤーにも波及しやすい構造を持っているため，DeFiインフラとして利用されているUniswapで何らかの不具合が見つかった場合，Uniswapから派生したトークンがロックされている同レイ

ヤー・高レイヤーのプロダクトにも影響があります。この影響が実際に経済的な損失を含むものになるか否かは，低レイヤーの何がどのように高レイヤーで使用されているかや，どのような不具合が発生したかに左右されます。同レイヤー同士であっても２つのプロダクトが互いの機能やアセットを融通し合うような関係になっている場合には，上記同様に影響を与え合う構造となります。以下では，低層レイヤーからその詳細を説明します。

## (2) レイヤー１，レイヤー２

ここからはDeFiプラットフォームの基盤となっている，レイヤー１と呼ばれる基盤ブロックチェーンを説明します。

まずはいくつかの指標で各基盤ブロックチェーンの比較を行います。まずはTVL（Total Value Locked：DeFiプロトコルに預けられた暗号資産の総額）を見てみます。DeFiプロトコルの比較を行うサービスのDeFi Llamaによると，2023年２月時点でEthereumが約59％を占めており寡占市場であることがわかります。

また，DeFiプロトコルごとにTVLを見ると，ステーブルコインのDAIを発行するMakerDAO，暗号資産を貸し借りするレンディングプロトコルのAave，ステーブルコインの交換に特化したCurveの順になっています。このプロトコルの順位はトレンドによって上下します。

次に各基盤ブロックチェーンの概要を説明します。

### ① Ethereum

#### (i) 基盤ブロックチェーン（レイヤー１）としてのEthereum

Ethereumは2015年にVitalik Buterinをはじめとするメンバーに開発されました。Ethereumは自身を「世界のプログラマブルなブロックチェーン」と定義しており，プログラマブルマネーやDappsと呼ばれる分散型アプリケーションの開発に誰でも利用できます。

運営はEthereum財団（Ethereum foundation）が行っていますが，Ethereumの分散性を重視しているため，Ethereum財団もあくまでエコシステムの一部と主張しています。実際にEthereumの様々なエコシステムは第三者によって開発がされており，Ethereum財団はそのサポートを行っています。

Ethereumはスマートコントラクトを初めて普及させたレイヤー１プラットフォームで，コンセンサスアルゴリズムはPoW（Proof of Work）からPoS（proof of stake）に移行し，環境負荷とインフレ率の低減などを行っています。

PoSは，プロトコルに一定数のトークンをステーク（Stake：預入れ）することで，ブロックを承認する権利が得られ，不正を働くと預け入れたトークンが没収される仕組みです。Ethereumでは32ETHをステークする必要がありますが，より少数のETHでも第三者が提供するステーキングサービスを利用することで報酬を得ることが可能です。

また，Ethereumの課題として，ブロックチェーンのトリレンマ（**図表１－６**）と呼ばれる課題の中でもスケーラビリティ（処理速度）を犠牲にしていることが挙げられます。ブロックチェーンのトリレンマとは，スケーラビリティ，分散性，セキュリティという３項目を同時に満たすのは難しいという課題です。

**図表１－６　ブロックチェーンのトリレンマ**

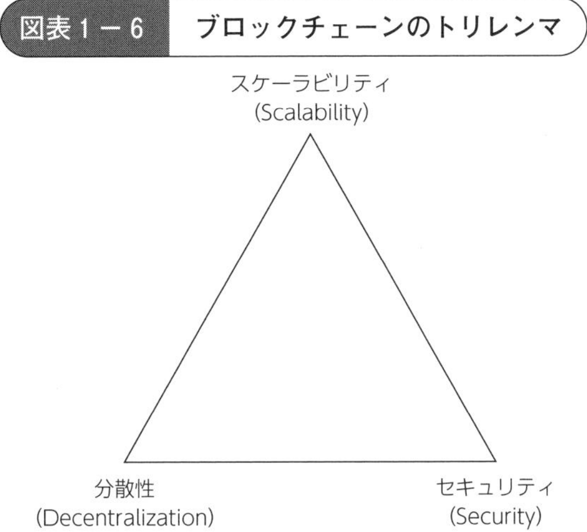


### (ii)　Ethereumのレイヤー２

Ethereumは分散性とセキュリティを重視しており，スケーラビリティは当面はレイヤー２と呼ばれる技術に任せています。今後はシャーディングと呼ばれるEthereumのアップグレードでスケーラビリティを強化する予定とされています。

レイヤー２とは，トランザクションをブロックチェーンの外部で安全に処理しようとする技術の総称です。これまで主要な技術として，State Channel, Plasma，Optimistic Rollups，ZK-Rollupsなどが注目されてきました。

State Channelは，特定の参加者間でチャネルを開き，Ethereumチェーン外のオフチェーン（ブロックチェーン上には記録されない処理）で状態遷移を行い，ある時点でオンチェーンに記録をするという方法です。Plasmaはメインチェーン（親チェーン）につなげることができるchild chain（子チェーン）のネットワークです。

これらはEthereumなどのブロックチェーンを１層目（レイヤー１）として取り扱い，これらの技術をその上の層で処理するというようなイメージから，レイヤー２と呼ばれています。

Ethereumのレイヤー２は初期に提案されたState Channel，より汎用性の高いスケーリングを模索したPlasmaを経て，現在ではPlasmaを発展させたRollupsが主流となっています。Rollupsは，PlasmaのData availability問題を独自の形で解決しようとしたものです。Data availability問題とは，様々な資産データやトランザクションデータが格納されている元データをどのように保存するかの問題です。この元データを誰がどのように保存して，どのように検証可能な状態にして，不正があった場合にどうするかという問題を，大きく２つのアプローチで解決しようとしています。

１つ目のOptimistic Rollupsはfraud proofと呼ばれるオフチェーンデータの不正検知をする方法で解決し，２つ目のZK-Rollupsはゼロ知識証明でオフチェーンデータの圧縮と検証性を高めています。

### (iii) Optimistic Rollups

まずOptimistic Rollupsについて説明します。Optimistic RollupsはEthereumのレイヤー１上に実装されるスマートコントラクトを介して実行されます。デポジット（Bondと呼ぶ）があれば誰でもオペレーター（レイヤー２のノード運用者）になれます。このオペレーターは，オフチェーンでトランザクションを処理します。その後，トランザクションとデータが含まれたブロックをEthereumレイヤー１に提出します。

Optimistic Rollupsの特徴的な点は，このように処理されるオフチェーンのトランザクションに対して，オペレーター以外のユーザーはこのブロックをダウンロード・検証し，不正を発見した場合，不正の証明を行うことで，不正行為の無効化と攻撃者への懲罰を行うことができます。これをFraud Proofsと呼びます。

ユーザーがOptimistic Rollups上からレイヤー１にアセットを引き出す場合に，一定の時間が設けられます。この時間をexit timeと呼びます。Optimistic Rollupsでは各ユーザーのオフチェーン上のトランザクションのハッシュの束（要は暗号化されたデータ）がオペレーターによってブロックにコミット（確定）されます。不正の証明については，exit timeの期間に他のユーザーが自身のトランザクションデータを署名とともに提出し，この提出されたトランザクションデータとオペレーターがコミットしたデータがもし一致していない場合，その証明ができます。

この証明を行い不正が認められれば，オペレーターのデポジットが没収され

図表１－７　Optimistic Rollupsの仕組み

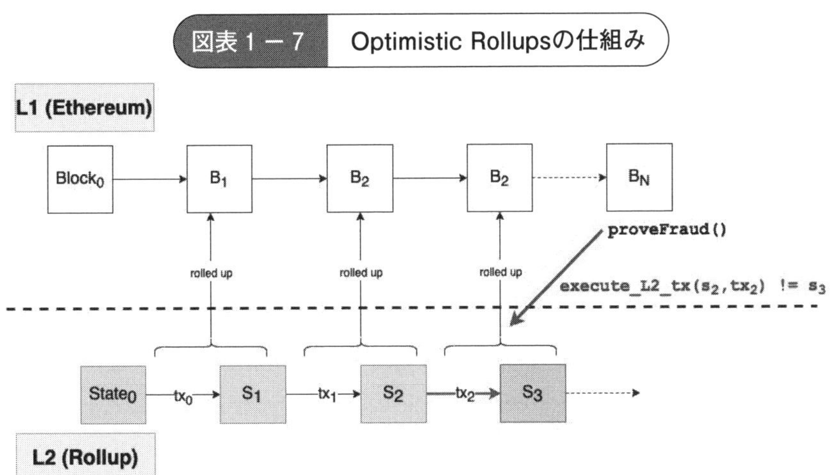


（出所）https://github.com/lukso-network/network-optimism-integration/wiki/Optimistic-Rollups%3A-Frauds

るという仕組みです。ただし，Optimistic Rollups上からEthereumのレイヤー１に資産を引き出す場合，exit timeの期間を待つ必要があり，それは７日間程度かかるだろうことが想定されています。これはOptimistic Rollupsの欠点といえます。

また，Optimistic Rollupsの他の特徴としては，OVM（Optimistic Virtual Machine）という抽象化したEVM（Ethereum Virtual Machine）を保持している点が挙げられます。これによりEthereumのレイヤー１上のアプリケーションは，そのコードに大きな変更を加えることなくOptimistic Rollups上で展開することができます。これは開発者にとって大きな魅力となっています。

#### ⅳ ZK-Rollups

Optimistic Rollupsはオフチェーンの不正を防ぐ手段として，衆人からの監視とFraud Proofsの提出を用いている点が特徴でした。これに対してZK-Rollupsの核となるアイデアは，Ethereum上のスマートコントラクトが多くのトランザクションをアグリゲートして１つのトランザクションとしてオンチェーンに記録し，その検証をゼロ知識証明で行うことができるというものです。これによってオンチェーンの状態の書換えは少なくなり，取引情報はオフチェーンストレージに格納します。

ゼロ知識証明は，ある人（証明者）が別のある人（承認者）に対して，与えられた情報が「真実である」ということ以外の情報を相手に与えずに，その情報が実際に「真実」であることを証明する手法のことです。ブロックチェーンの分野ではプライバシー技術として当初注目されましたが，現在ではスケーリング（高速化）の技術としても採用されています。「ゼロ知識証明はある秘密を教えなくても秘密を知っていることを証明できる」という特性を「ゼロ知識証明はオフチェーン上での実行過程をオンチェーンに提出しなくても証明できる」という利用の方法に用途を変えています。

ZK-RollupsのOptimistic Rollupsに対する利点は，exit timeが必要なく比較的短い時間でユーザーは資産をメインチェーン（レイヤー１）に引き出すことができることです。一方，デメリットとしてはZK-Rollupsではこれまで開発したアプリをそのまま移植することが少なく，開発工数がかかります。これは

Optimistic Rollupsと異なる点です。

2022年９月時点では，TVLを見るとOptimistic Rollupsが多くなっていますが，ZK-Rollupsで高いEVM互換性を提供するzkEVMの開発競争が激しくなっています。この健全な競争のもとにレイヤー２の開発が進んでいくと思われます。

### ②　Solana

SolanaはEthereumと異なる思想を持ったレイヤー１チェーンで，2017年に創業者のAnatoly Yakovenkoによってホワイトペーパーが公開されました。トランザクションスピードは秒間５万と，他のレイヤー１チェーンのさらに数十倍の性能であり，従来のブロックチェーンと異なるアプローチでトランザクション性能の高さを実現しています。また，ファイナリティ（settlement finality, 処理の完了）は１秒以内に得ることができます。

Solanaではレイヤー１のスケーラビリティを桁違いに高めることで，レイヤー２を必要としない解決策を提案しています。加えてセキュリティと分散性を犠牲にしない方法が模索されています。

Solanaがなぜトランザクション性能を桁違いに向上させることができているかについては，ブロック生成においてノード同士がコミュニケーションをしていない点にそのカギがあります。

これまですべてのブロックチェーンで，ブロック生成において，新しいブロックをチェーンにつなげる前にそのブロックを確認するプロセス（コンセンサス，合意形成）が行われていました。このコンセンサスにおいても決められたノードで提案されたブロックをリレーして署名を行い，ブロックをつなげており，このリレーに時間がかかっています。つまり，P2Pネットワークだからこそ，ノード同士でブロックを伝播する通信時間が必要で，これがボトルネックになっていたのです。

それに対して，Solanaは，ノード同士で通信をせずとも直近のトランザクションを承認できるP2Pネットワークというブレークスルーとも呼べる提案を行っています。

ノードがリレーをせずにトランザクション承認を実現する手法が，PoH（Proof of History）というアプローチです。各ノードは，ある時点で送信されたトランザクション（取引データ）をすべてハッシュ値（用いられるハッシュ関数がSHA256）にして，タイムスタンプを発行します。このタイムスタンプは公開されていながら，それが実際にその時点で発行されたタイムスタンプで間違いないかを検証できるようになっています。

このハッシュ値はそのブロックのトランザクションをこの時間に承認したという証明になり，これを各バリデータノード（ブロックチェーンに記録されるデータの内容の妥当性を検証・証明するノード，要は検証者）がオンラインで公開することになります。ブロックを承認するバリデータノードが正しい振る舞いをしていれば，同じハッシュ値とタイムスタンプが公開されているはずです。このタイムスタンプを用いたメカニズムをSolanaは「Proof of History」と表現しています（**図表１－８**）。

Proof of Historyにおいて，ブロックチェーンのノードはP2P通信を行いませ

**図表１－８　Proof of Historyの仕組み**

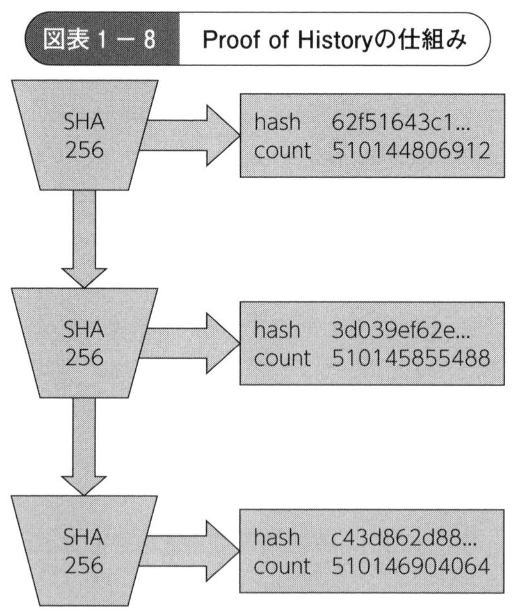


（出所）　ホワイトペーパーより引用

ん。つまり，ブロックチェーンのトランザクション性能は，ノードの通信帯域性能がボトルネックにならず，バリデータノードのハードウェアの性能のみによって決まります。

### ③ Polygon PoS

Polygon PoSはコストが低く，セキュリティもある程度担保しながら，Ethereumのスケーラビリティ問題を解決するサイドチェーンです。

Polygon PoSはPlasmaのフレームワークとPoS（Proof of Stake）によるコンセンサスメカニズムを応用しています。PlasmaレイヤーとPoSによるチェックポイントのレイヤーの２つの要素に分かれており，独自トークンのMATICはPoSのチェックポイントレイヤーに参加するバリデーターがステーキングするトークンです。Plasmaとはメインチェーンにつなげることができるサイドチェーンのネットワークです。Plasma Networkもまた複数のサイドチェーンのネットワークです。

具体的には**図表１－９**のように，Plasmaによるサイドチェーンレイヤーと，そのサイドチェーンレイヤーの情報をメインチェーンにコミットメントするPoSチェックポイントレイヤーに分かれています。

**図表１－９　Polygon PoSの仕組み**

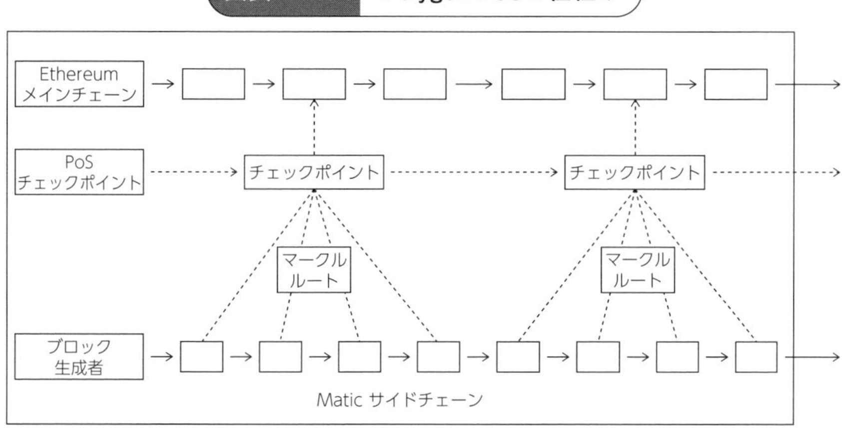


（出所） https://medium.com/matic-network/what-is-matic-network-466a2c493ae1

このような仕組みを前提にして，Polygon PoSのエコシステムには主に以下の登場人物が存在します。

- アプリケーションのエンドユーザー
- レイヤー２上でアプリを開発する開発者
- ステーキングユーザー（MATICトークンをステーキングしてチェックポイントレイヤーのネットワークに参加するユーザー）
- ブロック生成者（ステーキングユーザーに委任されてブロックを生成するユーザー）

チェックポイントレイヤーは，サイドチェーンレイヤーの情報を数分おきにEthereumのメインチェーンに書き込み，ファイナリティを確保します。ステーキングユーザーに委任されたブロック生成者は，前回のチェックポイントから最新の状態までのブロックハッシュをまとめて，マークルツリーを作成します。そして，PoSチェックポイントレイヤーではブロック生成者が，そのマークルルートを含めたブロックをブロック提案して，委任ノードの３分の２以上が署名をしたらブロックが生成され，かつEthereumのメインチェーンにも書き込まれます。ブロック生成者は上位の委任ノードからランダムに選定されます。

さらにPolygon PoSではFraud Proofsの仕組みも用いられています。上記の方法でEthereumのメインチェーンに書き込まれたあとも不正を検知することができる仕組みです。

もしPoSチェックポイントレイヤーのノードが不正を働いていることを検知した場合，誰でも不正の報告（チャレンジ）をすることができます。そのチャレンジの結果，確かに不正であると認められた場合，PoSチェックポイントレイヤーのノードのステーキングしているMATICトークンがスラッシュ（没収など罰金を科されること）され，不正報告をしたユーザーはスラッシュされたトークンから報酬を得ることができます。

この不正の報告の方法は，サイドチェーンの情報とマークルツリーおよびマークルハッシュを検証して，それが一致していなかった場合に不正であるとみなされます。常にバウンティ（報酬）が用意されており，誰でも不正報告ができて，かつブロック生成者がステーキングによって賭け金を積んでいることがPolygon PoSの堅牢性につながっています。

## (3) オラクルとガバナンストークン

また，DeFiに内包される重要な要素として，オラクルとガバナンストークンがあります。

### ① オラクル

まずオラクルを一言でいうと，「ネットワークの外にあるオフチェーンのデータを，ネットワーク上のオンチェーンに持ってくる仕組み」です。オラクルには大きく分けてソフトウェアオラクルとハードウェアオラクルがあります。また，ソフトウェアオラクルは暗号資産の価格情報を提供する価格オラクルと，それ以外のオラクルに分けられます。

DeFiではソフトウェアオラクルが広く使われています。主に暗号資産価格の取得に使われており，それ以外の用途としては，たとえば実世界の未来予測の正否によって報酬を獲得できる予測市場プラットフォームであるAugurではスポーツの試合結果のオラクルを使って予測市場を提供しています。他にも現実の資産を担保に小口投資ができるTinlakeでは不動産価格のオラクルを使用しています。しかし，ほとんどのソフトウェアオラクルは，暗号資産価格取得のために利用されており，それ以外の用途の利用割合は１％程度にとどまっています。

対してハードウェアオラクルは，たとえばVeChain（物流のトレーサビリティ機能の実現を目指すプラットフォームで，ICタグなどで製造物の流通過程を追跡し，ブロックチェーン上に記録する）では，食品に貼ったQRコードタグを読み取るとその食品の産地などの来歴がわかるようになっています。このようにオラクルでは，ハードウェアやソフトウェア上から様々なデータを入手し，プロトコルの入力データとして使われています。

オラクルでは価格を扱うことが多いために正確で素早いデータ供給が重要になります。前述のとおり，オラクルはオフチェーンのデータをブロックチェーンに取り込むものですが，ここで不安定な外部のデータに依存していたり，処

**図表１－10　オラクルの種類と用途**

| 種　類 | | 用　途 |
|---|---|---|
| ソフトウェアオラクル | 暗号資産の価格オラクル<br>Chainlink<br>UNISWAP<br>MAKER<br>Band Protocol<br>tellor | ・レンディングにおける担保資産の清算管理（例：Compound）<br>・インデックスのリバランス（例：Set Protocol）<br>・合成資産の生成におけるプライス調整（例：Synthetix）<br>・保険によるカバー金額の参照（例：Nexus Mutual）<br>・オラクルによって価格が自動的にアップデートされる分散型取引所（例：DODO）<br>・予測市場（例：Gnosis） |
| | 暗号資産以外の価格オラクル<br>Chainlink | ・株式，インデックス，為替価格<br>・不動産価格<br>・高級時計の価格<br>・スポーツ，ゲームのデータ<br>・飛行機のフライトのデータ |
| ハードウェアオラクル | 様々なデータ<br>vechain<br>ETHERISC | ・トレーサビリティ<br>・保険など |

理が遅かったりすると，価格操作に対して脆弱になり，そこを起点にした攻撃にあうからです。たとえば市場価格より低い価格がオラクルから伝えられると，安価に暗号資産を購入されてしまいます。こうしたリスクを低減するために，ChainlinkやBand Protocolなど様々なオラクルプロジェクトが開発されていますが，これらは**図表１－11**の形をとっています。

図の左から説明すると，外部の様々な事象から取り込んだデータを提供者がChainlinkなどのオラクルプロトコルに提供します。このときにデータ提供者はプロトコルのトークンを預け入れ，正確なデータを提供した場合には報酬が与えられ，不正確なデータであれば預け入れたトークンが没収されます。オラクルプロトコルはデータ提供者を複数ピックアップし，不正確なデータが提供されるリスクを減らします。そして，複数のデータからより正確なデータが得られるように加工します。この方法としては，複数のデータを時間差で平均す

図表1－11　オラクルプロジェクトの基本的な仕組み

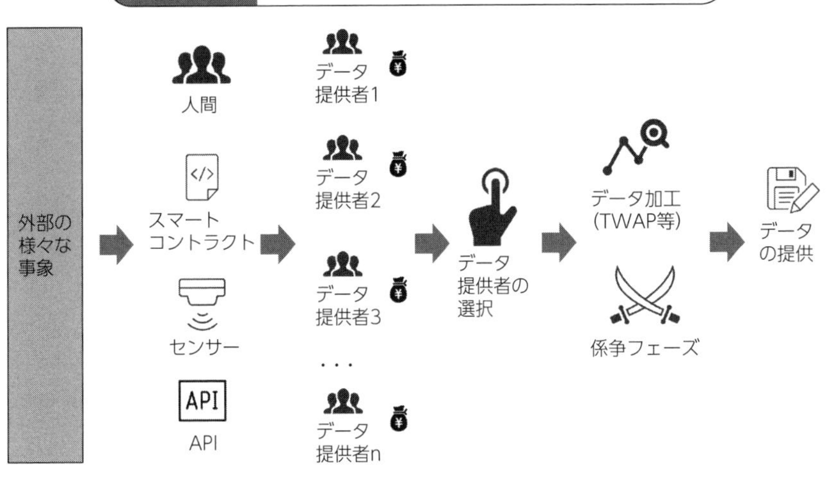


るTWAP（Time-Weighted Average Price）などがあります。また，不正確なデータだと思われる場合，そのデータ提供者が将来使われないように争う(2)場合もあります。このような仕組みによって各オラクルプロトコルは正確なデータを提供できるようにしています。

### ②　ガバナンストークン

次の重要な要素がガバナンストークンです。ガバナンストークンはコミュニティの意思決定に利用される投票権（議決権）の機能を持つトークンとして主に用いられます。今後追加される機能の提案や，利率など重要なパラメータの変更，資金の用途についてなどの投票に使われます。

ガバナンストークンを保有さえしていれば誰でも意思決定に参加できるため，DAO（Decentralized Autonomous Organization：分散型自律組織）の重要な要素の1つとしても挙げられています。しかし，現実には大量にガバナンストークンを保有する運営チームやVC（ベンチャーキャピタル）に議決権が集中し，また一般

(2)　データが間違っていた旨を証拠とともに第三者が運営に伝えて，間違っていた場合データの提供者がステークしていたトークンが没収されます。

の投票率も低いために公平性に課題があります。また，プロトコルによってはガバナンス投票で可決されたものを運営が無視したこともあり，DAOといってもヒューマンリスクから逃れられるものではありません。

## (4) 分散型取引所（DEX）

ここからはDeFi上に構築されているアプリケーションの詳細に触れていきます。各アプリケーションのうち，まずはDEXと呼ばれる分散型取引所について説明します。

DEXが登場するまで，暗号資産の交換はCEX（Centralized Exchange）と呼ばれる中央集権取引所でのみ可能でした。CEXは有価証券の取引所と同様に特定の主体が取引所を運営し，板取引や販売所と呼ばれる運営が売り価格と買い価格を指定する形式が主流でした。しかし，CEXには既存の課題があります。たとえば，取引したい暗号資産があっても，その暗号資産が取引所に上場するまで取引することはできません。また，悪意のある海外取引所がユーザーの出金を禁止したり，また悪意はなくともマネーローンダリングの疑いがかけられ出金ができないこともあります。過去には暗号資産取引所のCoinbaseで職業を理由に出金停止がされるという事案があり，倫理的な課題として取り上げられたこともあります。

Uniswapをはじめとするは DEXはこのような中央集権的な取引所が引き起こす課題の解決を目指して作られました。UniswapはEthereumの以下のポリシーに基づいて策されています。

- 誰にも止めることができず（検閲耐性）
- 特定の誰かにコントロールされることなく（分散性）
- 誰にでも使うことができ（使用許可が不要）
- 誰でも内部を確認できる（透明性）

### ① 仕組み（Uniswap）

Uniswapをはじめとする DEXは，AMM（Automated Market Maker：自動マーケットメイカー）という仕組みを使ってこれらの課題を解決しています。AMM

の基本的な仕組みは，２つのトークンをペアとして１つのプールに供給し，一定のルールに従ってトークンの取引が可能になるというものです。プールへの流動性供給は誰でも行うことができ，他のユーザーが取引を行うことで資金提供者は一定の手数料を得ることができます。従来はCEXを運営する主体だけが流動性を供給できましたが，それを誰にでも供給できるようにしたのが画期的な点です。

また取引に使われる暗号資産のプールは誰でも作ることができるため，CEXに比べて膨大な種類の暗号資産を取引できます。しかし，詐欺的な暗号資産のプールも存在するため，ユーザーの自己責任の割合がより大きくなっています。また，CEXと異なり取引の際にユーザーの暗号資産を預ける必要がないため，引き出しができなくなることもありません。

この仕組みを具体例を使って説明します。たとえば，あなたが「①ETHとDAIのペアをUniswapのETH-DAIプールに入れる」ことで，この中の通貨を使って第三者が「②ETHをDAIに変える」ことができます。この①は，取引するための流動性を供給することになるので，「流動性供給」と呼ばれています（**図表１－12**）。

**図表１－12　流動性供給の例**

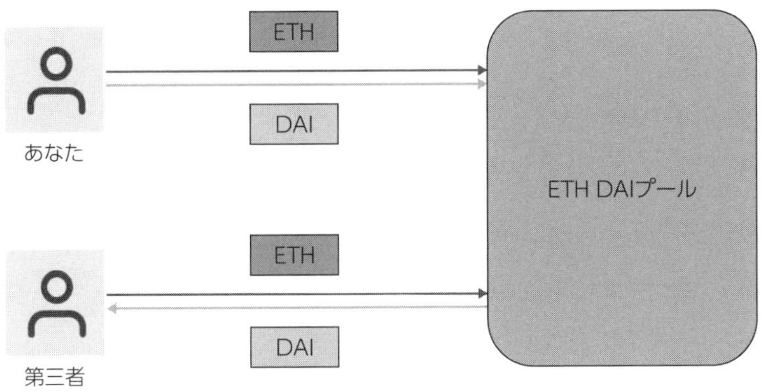

この流動性が小さいと，多額のETHを入れられたときに十分な額のDAIを供給することができず，ETHに対して変換できるDAIのレートが悪くなります。これをスリッページと呼んでいます。

スリッページの仕組みを詳しく見てみましょう。Uniswapを例にすると，Uniswapの価格は x × y = k の式で求められます。

これをグラフにすると**図表１－13**のようになります。ここでは x =ETH，y =DAIとしています。ここでETHを売ってDAIを買うと，売られた分ETHの在庫は増え，買われた分DAIの在庫は減ります。

次にこのプールで x =1ETH， y =1,500DAIと仮定します。ここで0.01ETHでDAIを買うと，約15DAIを得ることができます。また，**図表１－14**のようにプール内の通貨がETH＝1.01，DAI＝1,485に変化します。

次に先ほどの10倍の0.1ETHでDAIを買うと，約136DAIを得ることができます。先ほどの10倍のETHを使ったにもかかわらず，得られるDAIは約９倍程度に減少しています（**図表１－15**）。このようにプールが十分ではないとプール内の通貨を買う効率が悪くなってしまいます。これをスリッページといいます。

**図表１－13　スリッページの例１**

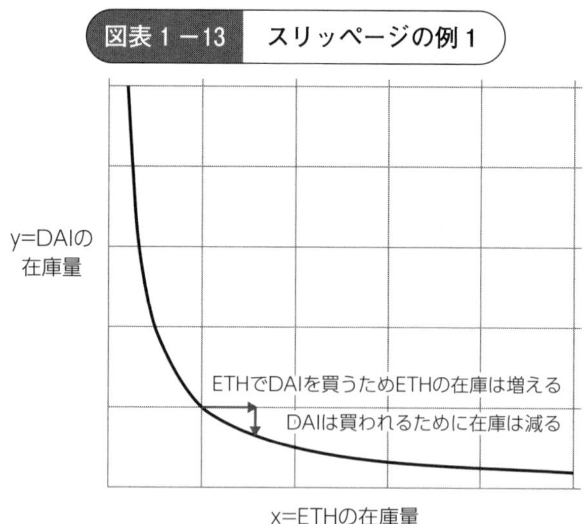

**図表１－14　スリッページの例２**

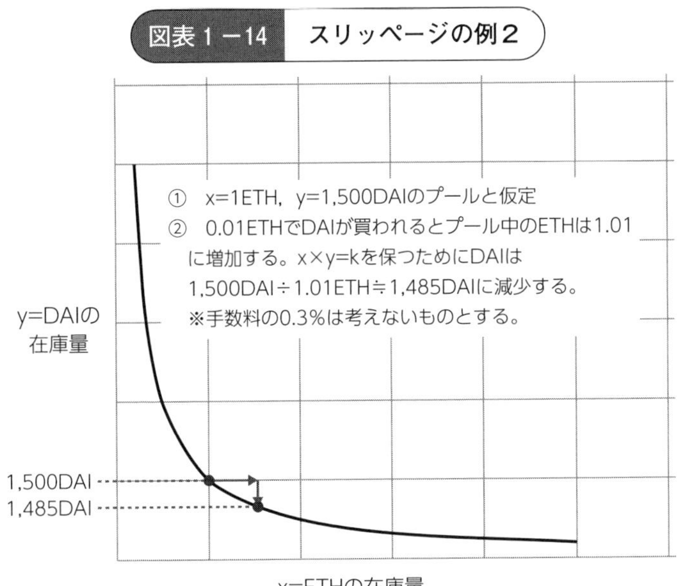


**図表１－15　スリッページの例３**

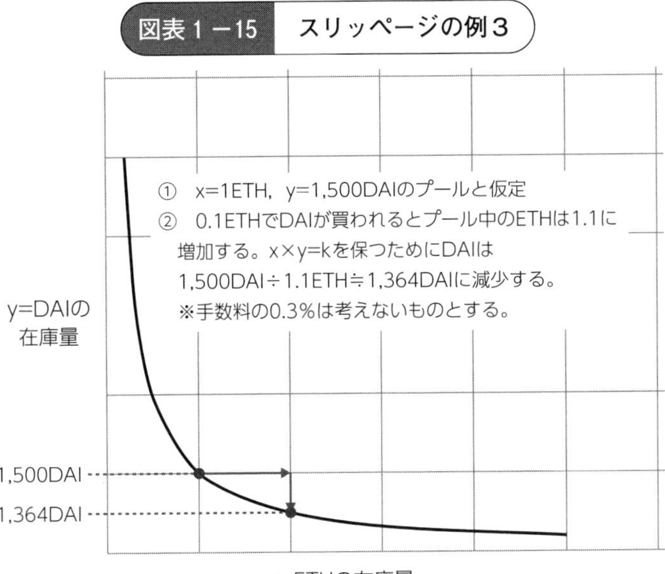

スリッページが起こるとユーザーには使われにくくなるため，AMMはユーザーに多くの流動性を供給してもらう必要があります。そのために流動性供給した人に対しての報酬として，取引手数料の配布や，DEXによってはガバナンストークンの配布を行っています。

AMMにはここで述べた「x × y = k」型のほかに，「x + y = k」型，「(x × y) + (x + y) = k」型が存在し，型によってAMMが示す挙動は異なります。AMMが取り扱うトークンの性質に応じて適切な型を採用するのが一般的です。

初期のDEXでは板取引形式（買い注文と売り注文の一覧表をもとに自ら注文を行う形式）が用いられており，売買注文はオフチェーンで処理されていました。この点，AMMではこのオフチェーン処理が不要で，注文スピードもはやくなっています。また，AMMは提案された価格で取引が発生するため，取引を行うユーザー側にとっても直感的でわかりやすい点から，多くのユーザーに利用されました。さらに，暗号資産の保有を続けるユーザーは，プールに流動性を供給することで収入を得られるため，多くの種類のプールが作られ資金が集まり，それにより取引も発生するという好循環が生まれました。

### ② リスク

#### (i) ハッキング

しかし，AMMへの資金提供にはリスクがあります。代表的なものはハッキングとImpermanent Loss（IL：価格変動損失）があります。

資金の多く集まるDeFiプロトコルはハッキングの対象になることが多く，悪意のある攻撃者により資金を奪われる事案が度々発生しています。Uniswapも2020年４月に脆弱性を突かれ，約30万ドルの被害を受けています。この脆弱性は2018年12月のコード監査で指摘され一般公開されていましたが，Uniswapはコアコントラクト（流動性プール，AMMなどの重要なロジック）の修正ができないため，Uniswapのバージョン１（2018年11月にリリース）では修正できず，バージョン２（Uniswap V2，2020年５月に行われたアップデート）で修正されました。

### (ii) Impermanent Loss（価格変動損失）

もう1つのリスクがImpermanent Lossです。これは暗号資産の価格が最初にプールに入れた時からの変動に比例して損失が生じます。この詳細は図を使って説明します（図表1－16）。

この計算は以下の式で求められます。yをプールに入れたETHの額，xをプールに入れたDAIの額とすると，xとyは同じ価値でプールに入れる必要があるためにETH価格は下記の式で求められます。

ETH価格＝x（プールに入れたDAIの額）÷y（プールに入れたETHの額）

この式と最初に説明したx×y＝kを使うと，式を次のように変形できます。

x（プールに入れたDAIの額）＝$\sqrt{（プールの合計金額k×ETH価格）}$

y（プールに入れたETHの額）＝$\sqrt{（プールの合計金額k÷ETH価格）}$

この式を使うと，価格変動での損失が以下のように計算できます。

1.25倍の価格変動＝0.6%の損失
1.50倍の価格変動＝2.0%の損失
1.75倍の価格変動＝3.8%の損失
2倍の価格変動　＝5.7%の損失
3倍の価格変動　＝13.4%の損失
4倍の価格変動　＝20.0%の損失
5倍の価格変動　＝25.5%の損失

Impermanent Lossは価格が上昇した時だけでなく下落した時も発生するため，下落時は大きな痛手となります。

オラクルはTWAP（Time-Weighted Average Price：時間加重平均価格）を使用しています。これは基盤ブロックチェーンのブロック開始時の市場価格と，ブロック生成に要した時間を計測する手法です。そして，その累積価格と時間差から価格を算出します。要するに一定時間ごとに価格を計測して平均をとる手法です。

図表1－16　Impermanent Lossの例

❶　流動性供給

※市場価格1ETH=100DAIと仮定

①　1ETHと100DAIのペアの計$200分をプールに入れる（流動性供給）。

②　プールには①も加えて計10ETH，1,000DAIが入っている。

③　あなたはプールの10%を保有している意味の0.1LPトークンを受け取る。

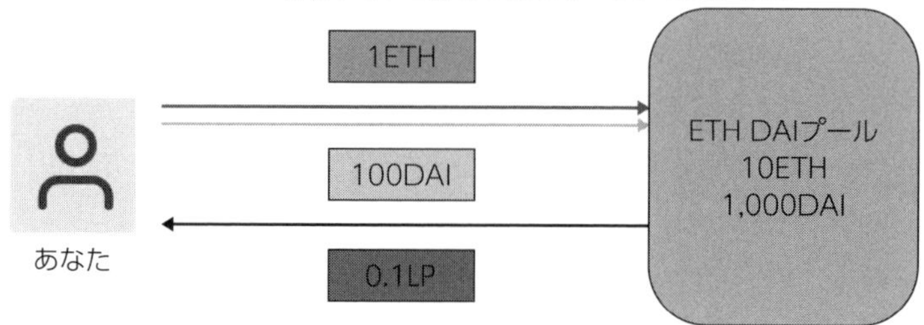


❷　市場価格の上昇

※市場価格1ETH=400DAIに上昇

③　プール内は1ETH=100DAIと市場価格より割安なため，アービトラージャーによって1ETH=400DAIまでプール内のETHがDAIで購入される。

④　プール内の価値が同等になるまでETHが減少し，DAIが増加する。
結果としてプールには計5ETH，2,000DAIが入る。

❸　価格変動調整分の損失発生

※市場価格1ETH=400DAI

⑤　プールの10%の権利を持つ0.1LPを返すと，0.5ETHと200DAIを受け取る。
これは市場価値で$400となる。

⑥　ただし，最初に預け入れたのは1ETHと100DAIだったため，本来なら$500のはず。
この－$100をImpermanent Loss（価格変動損失）という。

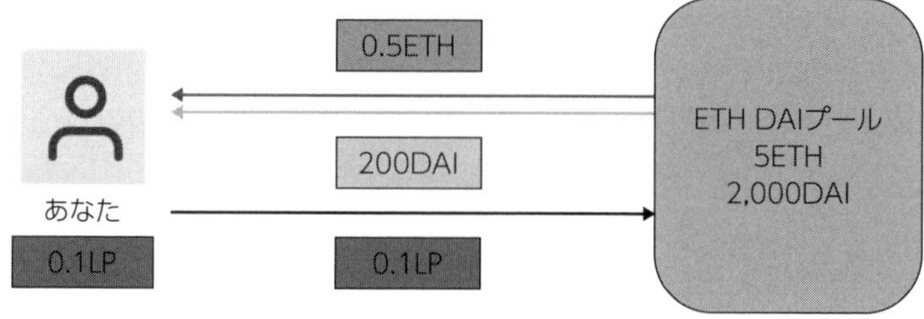

### ③ Uniswap類似のプロジェクト

その他のDEXとしては，SushiSwapやCurveなどが挙げられます。

#### (i) SushiSwap

SushiSwapは2020年8月にローンチしたプロジェクトです。Ethereum上で取引高首位の分散型取引所Uniswapのコードをコピーする形でローンチし，さらにガバナンストークンSUSHIを報酬にしてUniswapからユーザーの流動性を奪うような設計をしており，大きな議論を呼びました。

具体的にはSushiSwapに流動性供給を行うと，取引手数料に加えてSUSHIトークンが配布されます。これはイールド（利回り）をファーミングする（育てる）ことからイールドファーミング，またはリクイディティ（流動性）で収入を育てることからリクイディティファーミングと呼ばれています。

SushiSwapの成長への期待からSUSHIトークンの価格が上がり，Uniswapに流動性を供給するよりSushiSwapのほうがリターンが高いため，多くのユーザーがSushiSwapに移動し，一時はUniswapのTVLを超えたこともありました。

SushiSwapはローンチ当初，コピー元のUniswapと比較してトークンの配布量などに改良が加えられていたものの，ただのコピープロジェクトの1つに過ぎないと思われていました。しかし，プロジェクト公開後もEthereum上の分散型取引所の中でSushiSwapの取引高は常に上位に位置しており，かつUniswapには存在しない様々な独自機能が追加開発されています。

SushiSwapはDAOとして運営されていましたが，リーダー的な存在の0xMaki氏が内部の腐敗を理由に辞任した後，CTO（Chief Technical Officer）が十分な役割を果たしておらず辞任するなど問題が続いています。

#### (ii) Curve

CurveはUSDCとDAIなどのステーブルコイン同士や，ソフトペッグトークン（トークンの価格が元のトークンからほぼ変わらないもの）といわれるETHとstETH（Lido Staked ETH）の交換に特化したDEXです。Curveはイールドファーミングを独自の形で行うことで多くの流動性を確保しています。

Curveにはいくつかのプールが存在しますが，どのプールにCurveトークンを多く配布するかを，ガバナンストークンのCurveを使った投票で決定しています。またCurveはトークンをロックして売買できないようにすることで，投票の重みを変更しています。ロック期間が長いほど投票の重みは増します。

Curveトークンが多く配布されるプールができると，流動性供給を行うユーザーが高い利回りを求めて集まり，プールは大きくなります。プールが大きくなると交換する際のスリッページが減少するため，そのプールのトークンを使うプロトコルにはメリットが大きくなります。たとえば新たにステーブルコインを作った際に，Curveトークンが多く配布されるプールが作れると，利回りを求めてユーザーが多く集まるため，そのステーブルコインが多く購入されてプールも大きくなります。ステーブルコインのユーザーは，ステーブルコイン同士を交換する際のスリッページが少ないため，取引時の損失を最低限にしながらそのステーブルコインを使うことができます。これを狙って各プロトコルがCurveトークンを確保しあうCurve Warが起こりました。

このようにDEXはUniswap以外にも様々な種類があり，ここで触れた以外にも多くのプロトコルが存在します。

## (5) ブリッジアグリゲーター

このように各基盤ブロックチェーン上には様々なDEXが存在します。したがって，取引をするユーザー側では，取引流動性がこれら複数のプロトコルに分散するため，どこで取引を行うのが一番レートがよいかを確認する必要があるという課題が出てきています。この課題を解決するアグリゲーターが登場しており，その中でも代表的なものとして1inch Exchangeを紹介します。

1inch Exchangeは2019年に創業したプロジェクトです。ETHGlobalのハッカソンで知り合ったSergej Kunz氏とAnton Bukov氏が共同創業したプロジェクトであり，CTOのAnton Bukov氏はNEAR Protocol（レイヤー１に当たる基盤ブロックチェーンの１つ）の元エンジニアです。

### ① 仕組み

ユーザーが都度様々な取引所の価格を参照せずとも，1inch Exchangeが複数の分散型取引所をルーティングして最適レートを提示して，1inch Exchangeのスマートコントラクトが他の分散型取引所と接続して，取引の実行までを行います。

1inch Exchangeは，ある一度の取引を実行する際にも最適レート探索のために分割して複数取引所を横断することがあります。このルーティングの仕組みやアルゴリズムを1inch Exchangeは「Pathfinder」と呼称しています。

さらにレイヤー１やレイヤー２の間のブリッジも可能になり，レイヤーをまたいだ異なる通貨の交換が可能になっています。

## (6) ステーブルコイン

ステーブルコインは，主に特定の法定通貨と同じ価値を持つ暗号資産を指し，米ドルと同じ価値を持つものがよく使われています。用途としては，価格変動の大きい暗号資産の中で資産の退避先として，イールドファーミング（DEXに暗号資産をプールして報酬を得ること）を行うことなどが挙げられ，低リスクで利益を得たい場合に使われていると考えられます。

### ① ステーブルコインの分類

ステーブルコインは資産の裏付け方法によっていくつかの種類に分類されます。米国短期国債，現預金，コマーシャルペーパー（企業が事業に必要な資金を調達するために発行する短期の無担保約束手形），デジタルトークン，社債などが使われる法定通貨担保型トークンのUSDCやUSDT，ETHやUSDCを担保として使う暗号資産担保型のDAIやFEI，無担保型のアルゴリズミックステーブルコインなどがあります。ここでは分散的な主体であるMakerDAOが発行するステーブルコインのDAIについて説明します。

MakerDAOは，その前身であるMaker Foundationが解散し，その資産をDAOに移すことでより分散的な主体として生まれ変わってできたものです。Maker Foundationは2014年にRune Christensen氏によって，世界初の公平な暗号通貨であるDAIの発行を目的にして作られました。DAIは，差別のない安定した分散型暗号通貨で，個人でもビジネスでも誰でもDAIの恩恵を享受できるとしています。

### ② MakerDAOの仕組み

DAIは暗号資産を担保にしていますが，暗号資産は価格変動が大きく担保価値が棄損される可能性があるため，担保を発行金額より多めに確保しています。この担保にはUSDC，ETH，WBTCなどが用いられていますが，このうちUSDCが担保の約半分を占めており，USDCの状況に左右されるために分散されていないという批判もあります。生成するDAIに対して必要な担保の量は暗号資産によって異なっており，たとえばETHではDAIに対して米ドル建てで170％が必要です。この担保率はMakerDAOのガバナンストークンであるMKRを使った投票によって決められます。

まずETHを使ってDAIを生成する流れを下記**図表１－17**で説明します。わかりやすくするために実際のMakerDAOの数値とは異なる点にご注意ください。1ETH＝100ドルと仮定すると，2.0ETHをVault（金庫）に預け入れることで100DAIを生成できます（**図表１－17⑴**）。このDAIを清算してETHを返却してもらうことも可能で，この際にDSR（Dai Saving Rate：手数料）を差し引いて返却されます（**図表１－17⑵**）。この手数料はMakerプロトコル内に蓄積され，一定の閾値を超えるとMKRのバーン（焼却）に使われます。これにより時価総額に対して市場のMKR枚数が減少し，MKR保有者は間接的にMKRの値上がり益を得られます。

また，担保となる暗号資産の価格が下落した際には担保の強制清算が行われます。たとえば，清算比率が50％で，担保の価値がそれを下回り，ユーザーから担保の追加が行われなかった際には，清算ペナルティ分が差し引かれて強制清算が行われ，担保のETHが手元に戻ってきます（**図表１－17⑶**）。

この強制清算された担保はダッチオークションと呼ばれる形式で売却されます。ダッチオークションは購入者が現れるまで価格が下げられる形式で，参加者はDAIで支払を行います。この仕組みにより，DAIの発行数と金額が担保分を下回ることなく運営されています。

また，MakerDAOの安定的な運営のために自動的に動作するキーパーと呼ばれる参加者がいます。役割は大きく２つで，１つ目はDAIの価格の上下に合

図表１－17　MakerDAOの仕組み

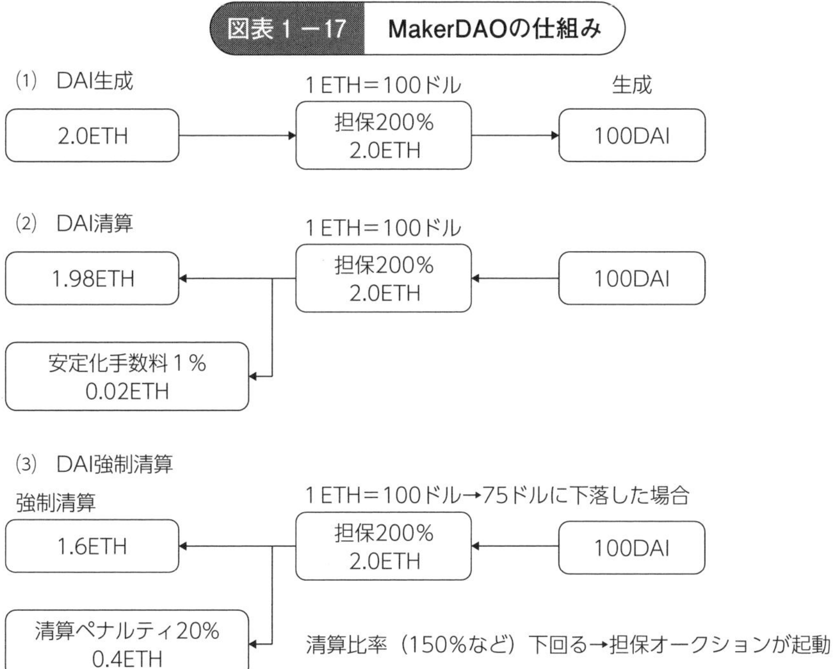


わせてDAIの購入と売却を自動的に行い，価格を１ドルに安定させます。２つ目は上記のオークションへの参加で，この２つの仕組みを自動的に行うことでキーパーは利益を得るとともに，安定化にも貢献しています。

### ③　オラクル

MakerDAOのオラクルは，複数の算出元から価格を入手して中央値を採用します。算出元は公表されたものと非公表のものがあり，ガバナンストークンの投票により決定されます。特殊な点として，価格オラクルの価格の反映が中央値の算出から１時間遅れとなっています。この理由として，相場が急激に変動した際に利用者が担保を追加できるようにすることや，オラクルが攻撃された際に対処する時間的な猶予を確保することが挙げられます。

### ④ リスク，ハッキング

MakerDAOを利用する際のリスクとして，過去に受けた攻撃被害を紹介します。2020年３月にETHの価格暴落とネットワークの混雑が原因で，担保オークションのETHが０ドルで購入されるという攻撃（ゼロ入札攻撃）がありました。一連の流れを説明すると，まず価格オラクルによる価格への反映がネットワークの混雑により遅延し，遅延した価格オラクルが一斉に反映され，MakerDAOのETH価格が約20％下落しました。その結果，多数の担保不足が発生し，それに伴う強制清算（担保の没収）が行われました。この強制清算に対する担保オークション（没収した担保の売却）に，通常なら市場からの参加者やキーパー（利益によって動機付けられる分散システムに貢献する独立したアクター（人間ではなくシステム））が参加できるはずでした。しかし，ネットワークの混雑によりその両方が参加できないままオークションの価格が０ドルまで下落し，その隙を突いて落札（ゼロ入札）を攻撃者が行ったのです。

この攻撃でDAIの担保が540万ドル分不足し，MakerDAOがMKRトークンを追加発行してオークションで販売することで不足分を補いました。しかし，時価総額が変わらないままMKRの追加発行がされたためにMKRの価格は下落しました。このようにMKR保有者は手数料収入というリターンのほかに，MakerDAOに問題が起きた際にはそれを請け負うリスクもあることを知っておく必要があります。

# 3 DeFiとビジネス

DeFiはパブリックブロックチェーンの世界の中でのみ資金を循環させていることが多いため，現実の世の中に価値を生んでいないのではないかという指摘が時々見られます。確かに，DeFiでは主として暗号資産の売買が行われており，またその暗号資産自体も一般的な感覚からすれば投機的でマネーゲーム的なイメージで捉えられがちであるため，そのような指摘がなされるのも理解できます。友人や上司にDeFiの概念をどう説明すればよいかと苦慮した方もいるのではないでしょうか。しかし，DeFiは，注目されるNFTやDAOなどを裏で支える技術であり，現実世界に多くの影響を与えています。以下の節ではその具体例をまとめています。

## (1) GoldFinch

Goldfinchは無担保ローンを新興国に展開する分散型クレジットプロトコルです。DeFi（分散型金融）の課題として，ほとんどすべての取引が担保を前提にしている点があります。借入金額に対して200%あるいはそれ以上の担保をスマートコントラクトに差し出し，それによってレンディングやレバレッジ取引，オプション取引を実現しています。

しかし，それでは資金効率も悪く，担保がある人しか資金を借入れすることができず，一般的なコンシューマー向けの金融サービスにはなり得ないという問題点が以前から指摘されていました。

基本的にDeFiの世界において，金融取引の当事者は，現実（実社会）のアイデンティティと結びついておらず，クレジットの概念もありません。取引実行のための信用はすべて差入れ担保資産に依存しています。Goldfinchはこの課題を解決した分散型クレジットプロトコルです。

GoldFinchは2020年に元Coinbase社員の２名によって立ち上げられ，インド，メキシコ，ナイジェリア，東南アジアなどで展開されており，すでに数千人の借り手にサービスを提供しています。用途としては消費者向けのローンとして展開され，端末スマートフォン購入や，中小企業の機器購入などに資金が使われています。その仕組みは，不特定多数から集めたスマートコントラクト上の流動性プールの資金を，提携パートナーのローン事業者が引き出し可能にするというものです（**図表１－18**）。

**図表１－18　Goldfinchの仕組み**

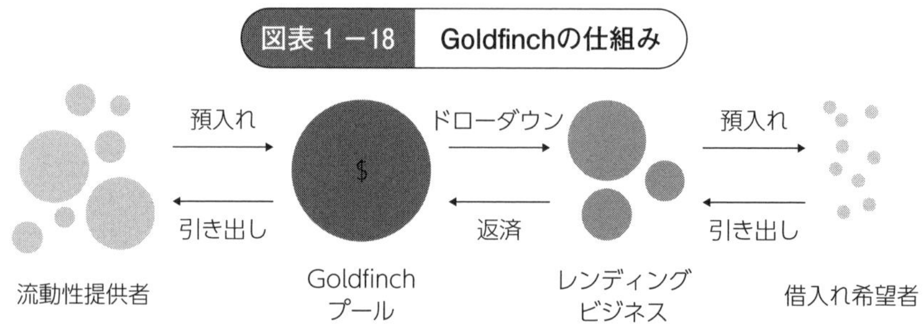


（出所）　https://medium.com/goldfinch-fi/introducing-goldfinch-crypto-loans-without-collateral-fc0cad9d13e

各国のローン事業者は，Goldfinchの流動性プールから無担保で資金を引き出し，その資金を元手にエンドユーザーの借入れ希望者に貸出ししています。ローン事業者はプールからUSDCを引き出し，それを法定通貨に転換して運用する形となります。これらのローン事業者がスマートコントラクトに資金を返還する際にはUSDCとなります。現実世界の一般消費者の資金需要にDeFiが直接応えようとすると，ユーザーがDeFiのスマートコントラクトにアクセスすることによって生じるユーザーエクスペリエンスの問題や，現地の法規制に対応したユーザーをどのように獲得すればよいかといった問題がありますが，Goldfinchはこれらの問題を中間のローン事業者に頼るモデルで排除しています。

あくまでGoldfinchは，ローン事業者のための貸付プロトコルといえるようなもので，設計上，解決すべき問題は一般消費者を相手にするよりはシンプルになります。なお，こうした仕組みが成立するのは，ローン事業者自体も貸出しを行うための元手の資金を求めているという背景があります。たとえば，ローン系のフィンテック事業者が行う資金調達は巨額になりがちですが，これらの調達された資金の多くはローンの種銭として利用されます。一例では学生ローンフィンテックのSoFiは過去に累計$2.5 billion（25億ドル）を調達しています。

このようなローン事業者の資金を融通するのがGoldfinchであり，その資金の出どころは現在のDeFiマーケットです。現実世界とDeFiの橋渡しは簡単ではなく，Goldfinchも初期フェーズに過ぎませんが，すでに述べたようにGoldfinchの解決すべき課題はシンプルで，ローン事業者のアンダーライター・ネットワークを構築するだけです。これを実行できれば，現実世界とDeFiの橋渡しは，中間業者を挟む形ではありますが，ある程度実現するのではないかと考えられます。その点で，今後の同プロトコルの展開は注視すべきだといえます。

## ⑵　Tinlake

Tinlakeはインボイス（売掛債権）を担保に資金の融資を行うDeFiプロトコルです。請求書などのアセットをトークン化して，DeFiのエコシステムにつなぎ，それを担保として資金を融資するという仕組みです。

通常の企業間取引では効率化のために，ビジネスが成立した後にすぐキャッシュを支払うのではなく，売掛債権を渡してそれを30～60日後に現金化します。しかし，キャッシュに余裕がない中小企業などでは資金繰りが厳しく，運転資金を得るために銀行から借入れを行います。

Tinlakeではそのような課題を解決するために，売掛債権をトークン化し，DeFiを使って一般ユーザーの資金を招き入れ，対象企業に貸すことができるという仕組みを作っています。借り手は銀行より低い金利で資金を借りることができ，貸したユーザーも預金よりも高い金利を得ることができ，Win-winとなります。現在では中小企業以外にも，海運業のインボイス，また不動産投資を行う企業などに資金を貸すことができます。

図表1－19　Tinlakeの仕組み

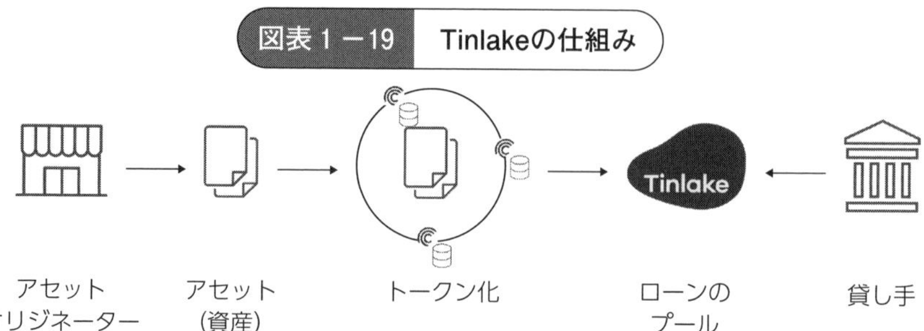


（出所）　https://docs.centrifuge.io/getting-started/understanding-tinlake/

Tinlakeは，ブロックチェーン外にある資産をブロックチェーン内に持ち込み，トークンとして利用する点において「プラットフォーム外の資産をプラットフォーム内に持ち込む働き」を担っています。

またTinlakeは担保である売掛債権をジュニア債とシニア債とに分けて，異なるリスク・リターン構造を投資家に提供しています。

シニア債は，利回りがジュニア債よりも低い代わりに，債権回収時には優先的に配当を受け取る権利を持ちます。反対に，ジュニア債は，すべての債権を回収できなかった場合には配当を受け取れないリスクを負う代わりに，シニア債の保有者に回収した資金を割り当てた後に残る剰余金を受け取る権利を持ちます。つまり，一定額以上の債権を回収できた場合には，より高い利回りが実現されます。

**図表1－20**はすべての債権を無事に回収できた場合の数値で，シニア債の保有者が受け取る配当の利回りは５％ですが，ジュニア債の保有者は25％の利回りの配当を受け取っています。売掛金の回収には不確実性が伴うので，ジュニア債の保有者が一切の配当を受け取れなかったり，シニア債の保有者が事前に想定されていた固定利回りさえも受け取れなかったりするといったリスクもあります。

Tinlakeではシニア債をDROPトークン，ジュニア債をTINトークンとして発行し，投資家は自身のリスク選好に応じてどちらのトークンを取得するかを選択できます。

図表1－20　Tinlakeのシニア債とジュニア債

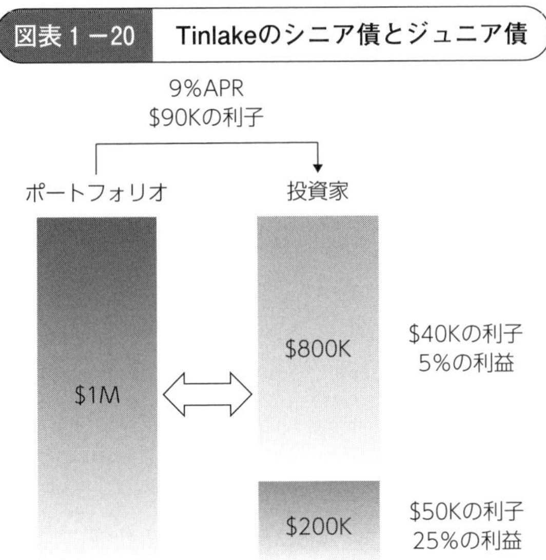


（出所） https://developer.centrifuge.io/tinlake/overview/tranches/

## (3) Maple Finance

### ① 仕組み

Maple Financeは，担保額の少ないレンディングあるいは無担保ローンを実現するプロトコルです。DeFiにはMakerDAOやAaveなど様々なレンディングプロトコルが存在し，その規模も大きくなっていますが，いずれも借り手が暗号資産を担保にする仕組みのものが中心です。また，DeFiの世界ではすべての参加者が匿名であり，それゆえにレバレッジ取引や貸借契約においては，ある資産を過剰に担保とし，それをスマートコントラクトで管理して取引することが常になっています。そうしたことに伴う資金効率の悪さが欠点として挙げられます。Maple Financeはそれらの課題を解決するための，担保額の少ないレンディングを実現するプロトコルです。

Maple Financeは自身をコーポレートクレジットプロトコルと題しています。つまり，借り手は企業であり，ヘッジファンド・自己勘定取引投資家・マーケットメイカー・マイニング事業者が想定されるとしています。

Maple Financeの仕組みはシンプルで，流動性供給者がプールに流動性を供給して，その資金を借りたい借り手が流動性にアクセスできるというものです。借り手の担保率は都度調整され，担保を設定しないことも仕様上可能ではあります。これら借り手の評価やリスクの移転を独自トークンMPLによるインセンティブ設計によって調整しています。

流動性プールの資金管理はPool Delegator（プール委任者）に任されています。Pool Delegatorは，借り手のデューデリジェンス・担保率や借入期間と金利の交渉・デフォルトした場合の担保資産の清算を行う義務が生じます。Pool Delegatorの役割を引き受けるには，MPLトークンを貸倒れ時の保険金として拠出しなくてはなりませんが，Pool Delegatorはその仕事を行うことで手数料

図表１−21　Maple Financeの仕組み

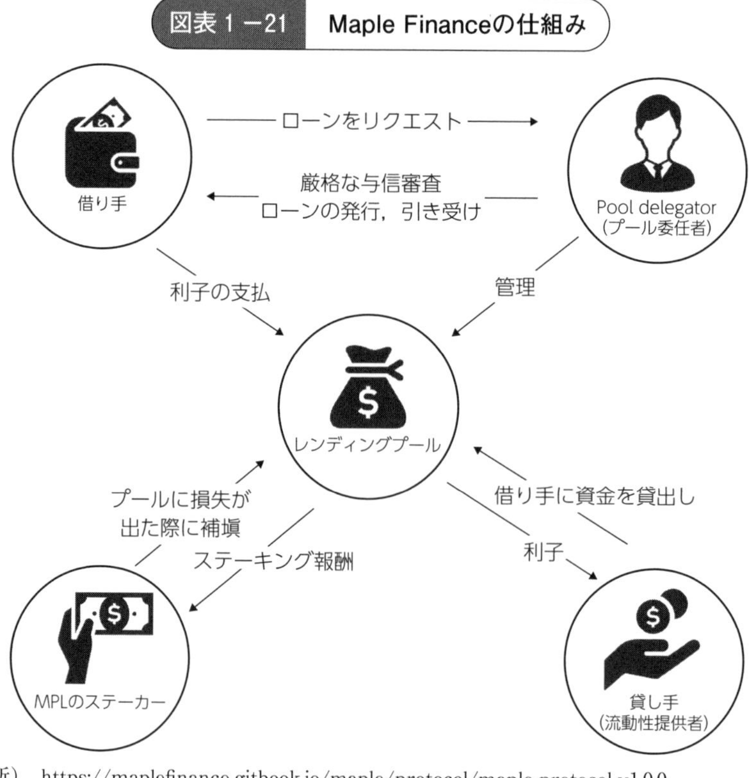


（出所） https://maplefinance.gitbook.io/maple/protocol/maple-protocol-v1.0.0

を稼げます。

Maple Finance上には複数の流動性プールが存在し，それぞれの流動性プールに各Pool Delegatorが存在します。借り手はこれらの流動性プールにアクセスして資金ニーズに合わせて借入れを実行します。借り手は変動金利ではなく，事前に期間と金利を決定します。

また，Maple Financeには独自トークンのMPLのステーキングユーザーも存在しており，このステーキングされているアセットもプールの保険として機能します。MPLのステーカーは任意の流動性プールに対してステーキングを行うことが可能で，プールごとのリスクは分離されており，リスク・リターンもプールによって異なります。またいずれの保険機能もMPLトークン単体でステーキングするのではなく，USDC：MPLを５：５でステーキングする仕様になっています。

### ②　各プレイヤーの役割

以下にMaple Financeにおける登場人物の役割を整理します。Maple Financeには，「流動性供給者」「Pool Delegator（プール委任者）」「借り手」「MPLのステーカー」という４種のプレイヤーが存在します。

#### (i)　流動性供給者

流動性供給者はMaple Finance上のプールを選んで，流動性供給を行います。Pool Delegatorがどのようなプレイヤーで，どのような方針で資金を管理するかを確認した上で，流動性供給をすることになります。借り手にデフォルトが起きた場合，まずPool Delegatorの資金から補填され，その後にMPLトークンのステーカーの資金から補填されますが，この補填ができなかった場合は流動性供給者も資金を失うリスクがあります。流動性供給のAPY（Annual Percentage Yield：年間利回り）はプールごとに設定されたベースAPYとMPLトークンの流動性マイニングの合計になります。

#### (ii)　Pool Delegator（プール委任者）

Pool Delegatorは流動性プールを作成する際に，プロフィールと戦略，貸し手となるターゲットを設定する必要があります。また，流動性プール作成の際に，MPLトークンをステーキングする必要があります。このMPLトークンはプール内でデフォルトが発生した場合，最初に補填に使われる資金となります。MPLトークンの最低拠出量は設定されていませんが，この量が少ないとリスクが高いプールと判断されるため，資金が集まりにくいことが予想されます。Pool Delegatorは，Establishment FeesとOngoing Feesの２種類の手数料を稼ぐことができます。

Establishment Feesは，プール内の資金からローンが組成された時点で受け取ることができる，ローン金額に対してｎ％の手数料です。プロトコルのローンチ時点では１％で設定されていますが，ガバナンス投票（ガバナンストークンであるMPLトークン保有者による投票）によって変更される可能性があります。Establishment Feesは５：５の割合でPool DelegateとMapleのトレジャリーに分割されます。後者はプロトコル手数料です。

Ongoing Feesは，借り手が返済をする際に，金利のｎ％を手数料として受け取ることができるものです。この手数料はPool Delegatorが流動性プールを組成するときに決定し，プールごとに異なります。Ongoing Feesは，５：５に分割されて，Pool Delegateと当該流動性プールに対してステーキングしているユーザーに配布されます。

#### (iii) 借り手

借り手は各プールに対して，借りたい資金総量・期間・金利の条件を通知します。Pool Delegatorはこれらの評価を行い，借入れの可否を決定します。Pool Delegatorは評価の過程で，借り手に対して，財務情報や資金使途などの情報を求めることがありますが，これらはオフチェーンでやり取りされます。

Pool Delegatorが一度その借り手の借入れを許可すると，借り手はクレジット・ライン（≒与信限度額）を得ることができ，その決められた金額を上限としてプールから資金を引き出すことができるようになります。

#### (iv) MPLのステーカー

MPLのステーカーは上述したように，Ongoing Feesを得ることができます。

Maple Financeのステーキングシステムの特徴的な点は，MPL：USDCのBalancerのLPトークンでステーキングしているという点です。この設計の理由としては，Maple Financeではデフォルトが起きた場合の流動性プールの損失をカバーするために，保険プールを容易に流動化できなくてはなりません。これを実現するためには，MPLの流動性が必要であり，その流動性はMaple Financeのプロトコルの各流動性プールの貸付資産（USDC）であるほうが望ましいからとされています。

MPLのステーカーはプールサイズが大きく，かつOngoing Feesが高く，それでいながらデフォルトしにくいであろうプールにステーキングすることになります。

このようにDeFiを使うビジネスはすでに存在しています。また，金融業の重要な役割の１つが，資金の流動性を高めることです。その結果，たとえ資金力がなくともこれから事業を起こそうという人，またはすでに事業を行っている人，すなわち挑戦を行う人を助けることができます。その貸し手として，我々一般ユーザーがPCを使って簡単な操作で参加できるのは，今までの金融では難しいことでした。それをDeFiはユーザー体験（UX）という観点で解決しており，今後もビジネスへの広がりが期待されます。

# 4 DeFiが支えているNFTやGameFi

本書ではDeFiについて主に取り上げていますが，国内ではWeb3というワードに関連してNFTやDAOのほうが注目を浴びています。内閣府が2022年６月７日に発表した「骨太方針2022」ではNFT，DAO，メタバース，STOという文言は出てきますが，DeFiという言葉は出てきません。これは国内では規制の関係でDeFiプロジェクトの立上げが困難であるためだと考えられます。また，NFTは日本が豊富に持つコンテンツと相性が良く，DAOは新たな働き方としての期待もあることから注目されやすいのではないかと思います。

しかし，DeFiはNFTやGameFiといった注目されている分野を裏から支えている技術であり，決して軽視できるものではありません。本節ではその点を掘り下げていきます。

## (1) NFTから発行されるトークン

NFTに関係したDeFiの活用例として，NFT保有者に発行されるトークンがあります。代表的なものとしては，BAYC（Bored Ape Yacht Club）ホルダー向けに発行されたAPEトークンが挙げられます。BAYCは2021年４月23日にYuga Labsの４人のメンバーから0.08ETHで販売されました。販売数は10,000個で，各NFTは独自のパーツで構成されており，そのパーツの希少性によって個別のBAYC NFTの希少性が決まるいわゆるコレクタブルNFTの一般的な構造を有しています。

BAYCの独自性は，運営自身が作成した専用のクラブルームであり，NFT所有者限定のコミュニティを設定したことです。それまでのコレクタブルでもコミュニティはありましたが，BAYCでは運営が限定感をうまく出す形で，ナイトクラブ的なコミュニティ形成を成功させ，さらには対外的に示すことができた点だと考えられます。

このBAYCを運営するYuga Labsは，Adidasとの提携などを経て2022年３月22日に550億円の資金調達を行い，同社の評価額は4,870億円になりました。このBAYCの保有者にAPEコインが配布されました。用途はBAYCが構築するエコシステム内の支払やガバナンストークンとしての利用です。

このAPEコインがNFT保有者に支払われるトークンの代表的な例ですが，他のNFTでも同様の例があります。しかし，APEのような著名なプロジェクトであればCEX（Centralized Exchange：中央集権型取引所）に上場ができますが，知名度の低いプロジェクトは困難です。しかし，Uniswapをはじめとする DEXで，プロジェクトの運営チームやユーザーが流動性プールを作ることにより，短期間で取引が可能になり，トークン発行の助けになっています。

## (2)　NFT-Fi

### ①　仕組み

このほかにNFT-Fiという仕組みが注目されています。従来のNFTはコレクションすること自体が保有の主な目的でしたが，その金銭的価値を基にして金融商品として扱う仕組みが現れてきており，これをNFT-Fiといいます。ここでDeFiの仕組みが使われています。

まずNFT-Fiと呼ばれているものを整理します。NFT-Fiの型は１つではなく，NFTをFT（暗号資産）に細分化して交換価値を向上させるもの，NFTのレンタルを可能にするもの，NFTを担保に資金を貸し出すNFTレンディングなど，様々なものがあります。いずれのNFT-Fiにおいても，コレクションとして保有しているだけのNFTから，運用益を得たいというニーズに応えることを主な目的としたNFTへと進化しており，特に高額NFT保有者ほど，そのニーズは強いと思われます。

### ②　NFT-Fiの問題点

しかし，NFTがこれほど流行しているわりに，NFT-Fiは利用が少ないというのが実情です。その課題としてNFTの価値算出方法が挙げられます。NFT-

Fiの代表例として，保有するNFTを担保として暗号資産を借りるNFTレンディングがありますが，NFTは下記の特徴を有しており，暗号資産等のFT（Fungible Token：代替可能なトークン）と比較すると「正確な価格を把握しづらい」「清算が難しい」ともいえます。

(i) 非流動的（トレーディングプールの深さを十分に支えられるほどの流動性がない）

(ii) レアリティと市場価格の関係が比較的曖昧

(iii) イベントドリブンでの価格変動が激しい（イベントに応じた激しい上げ下げがある）

つまり，NFT-Fiは一般的によりリスクの高いものとして認識され，NFTベースの金融派生商品を組成することは困難だと考えられています。実際にNFT-Fiは，FTのDeFiほどには発展していません。

この課題解決として，いくつかのNFT価格算出のアプローチが試みられています。従来は，ノンファンジブルという性質上，NFTを「使用価値のあるもの（例：絵画のような鑑賞価値など）」と捉える考え方が主流でしたが，流動性プールと価格設定関数を利用するNFT AMMは，NFTをFTのようにより交換しやすい資産に変えることで，「交換価値のあるもの（例：貨幣など）」へその性質を変える可能性があります。

とはいえ，NFT価格は，計測可能な要素（客観的評価）だけではなく，計測不可能な要素（主観的評価）の影響も色濃く受けますので，FTと同じようには捉えることはできません。現状のNFTの多くは，レアリティと個人の嗜好で価格が決まっています。レアリティの曖昧さを解消する目的で，NFTコレクションに客観的な評価指標を付与する場合もありますが，複数のサードパーティによる評価指標が存在する場合もあるため，指標を付与したとしても評価には曖昧さが残ります。

このように主観的評価の影響を大きく受けてしまうNFTは，NFTプロジェクトとの関係性を隠した状態で行われる著名人によるPR活動がその価格へ影響することも度々あり，NFTの市場価格を混乱させる要因の1つとなっています。従来の多くのNFTは，ソーシャルキャピタルの力で価格が決まっていたと言っても過言ではなく,「アテンション（認知度，好感度）≒バリュー」でほぼほぼ説明できてしまいそうなNFTコレクションは少なくありません。

執筆時点でのNFT市場価格は計算不可能な要素にほぼ支配されているといえますが，その割合を改善して金融商品化を目指すアプローチが存在します。この視点からいくつかのプロジェクトを説明します。

### ③　NFTのインスタントスワップ（NFT AMM）

まずNFT-Fiという用語が生まれる以前の2019年あたりから散見されはじめたものとして，NFTのインスタントスワップ（NFTとFTを，関数を用いて算出した市場価格で即時交換する）が挙げられます。

たとえば，Boxswapなどは，曖昧な相場感で決められたスポット価格でP2P取引されるセカンダリーマーケットとは異なる価格算出方法を採用した先行事例といえるでしょう。

BoxSwapは同時期に，NFTをFT化することで他のFTとスワップ可能にするという試みも行っていましたが，似たような文脈でNFTを流動性プールに集めてFT化することを試みたものがその後も生まれてきました。例としてはNFT20やNFTXなどです。応用編としてHashmasksのようなプロジェクトも同時期に誕生しています。

しかし，この手のプロジェクトは「価値が低いと思われるNFTしかプールに集まらない」「流動性が低いので他のNFTマーケットプレイスとの価格差を是正するアービトラージ（裁定取引）が起きづらい」といった懸念点がありました。つまり,「希少性の低いNFTのみフロアプライスで同類交換可能になるが，希少性の高いNFTは引き続き主観的に評価される」「流動性の低いNFTプールについては投機熱による価格是正は起きづらい」ということです。

上記で指摘された課題は執筆時点でも解決されていませんが，以上の課題を部分的に解消するものとしてGenieやGemのようなアグリゲーションサービスが誕生してきました。これらは前述したNFT20やNFTXの仕組みをベースにNFTコレクションを集約して流動性を向上させ，SushiSwapのような外部のFT用AMMを接続することで，FT，NFT間のインスタントスワップを実現したものです。

とはいえ，そもそもNFT発行数が少ない上に，かつその中のレアリティの低いコレクションの一部のみが流動性プールに集まるわけですから，比較的流動性が高いプールであったとしても，担保資産にできるほどの十分な流動性が集められているわけではありません。

また比較的有名なNFT AMMとしてSudoswapがあります。Sudoswapはインスタントスワップ，オンチェーン取引，0.5%と安価な取引手数料，ロイヤルティ手数料不要，サードパーティのアグリゲーターがSudoswapの価格設定関数を利用可能であることなどの様々な機能を持ち，複数のカスタム流動性プールを持つ点が特徴的なポイントです。

ただし，いわゆるNFT AMMと呼ばれているものはNFT流動性プールとFT流動性プールを接続し，ボンディングカーブ（価格とトークンの供給量の関係を定義した曲線）で価格算出するという点では，初期のNFT-Fiの事例と広義では同じだといえ，抱える課題も似たようなものになりがちです。つまり，今のところNFT AMMにはあらゆるNFTを適切に評価できる万能さはないということです。

### ④　他の価格設定方法

#### (i)　主観（人の手）で評価するアプローチ

NFT-Fiには他の価格設定方法もあり，主に主観で評価するアプローチとオラクルで評価するアプローチがあります。たとえば，Taker protocolは主観で評価を行っており，NFT鑑定士（キュレーター）をDAOを通じて選出し，対象NFTの価値を鑑定して流動性を供給するNFT-Fiプロトコルといえます。

これは，DAOを通じて評価額を得たNFTを担保としたレンディングや，NFTレンタルを実現することを目指すプロジェクトです。独自トークン$TAI（ERC20）はアセット貸付時（プールベース）に用いられる利付きトークンです。そのほか，プロジェクトの方向性に対して投票するガバナンストークンとしても用いられます。

#### (ii)　客観的な評価手法（計測可能な要素）の活用

また，計測可能な要素を使ってNFT価格を評価するアプローチとしては，オラクルを介してNFTを評価するものがあります。代表的な手法はTWAP（Time Weighted Average Price）評価です。ある一定期間の取引価格を，時間加重平均法を用いて算出する手法であり，Uniswap v2やChainlinkなどのオラクルで用いられています。NFT-Fiでの代表的なプロジェクトとしてはBend DAOが挙げられます。

BendDAOは分散型Peer2Pool型のNFT流動性プロトコルです。利息をインセンティブにETH流動性プールを確保して，NFT担保ローンを実現しています。担保の評価額は各NFTコレクションのフロアプライスに基づいており，評価額の最大40%を即時で借入れ（ETH建て）することができます。ただし，対象はBAYC，CryptoPunks，MAYCなどのBendDAOによる事前審査を経たブルーチップNFT（市場評価の高いNFT）に限定されています。

ただ，このBendDAOでは，2022年８月にNFT価格が下がった際に清算オークションへの入札者が少なく，結果としてBendDAOの金庫が枯渇し，貸し手のリスクが急激に高まるという事態に発展しました。このようなトライアルアンドエラーを繰り返しながらもNFT-Fiの取組みは進んでいます。

## (3)　GameFiの仕組みを支えるDeFi

### ①　GameFiの仕組み

GameFiはGameとFinanceを組み合わせた概念で，Play to EarnやPlay & Earnというコンセプトとともに登場し，ゲームをプレイすることでお金を稼ぐことを現実のものにしています。GameFiでは，大会で優勝して賞金を得るなど，上位に入らないと収入が得られないe-Sportsとは異なり，プレイすることで誰でも収入を得るチャンスがあります。

GameFiは，ゲーム内で利用するユーティリティトークン，運営方針の投票に使うガバナンストークン，ゲームに利用するNFTなどの要素から構成されています。Play to Earnの言葉でもわかるように，収入を得たいユーザーが多く集まりますが，DEXがないと取引ができず，ユーザーを集めることさえできません。

ここでもNFT-Fiと同様に，CEXに上場せずともDEXにプールを作ることでトークンの売買が可能になります。STEPNのような代表的なGameFiでも，独自アプリ内でのトークン売買にDEXを利用しています。

2021年にはAxie Infinity（以下「Axie」といいます）というゲームが，2022年にはSTEPNというゲームが注目を浴びました。Axieは主にコロナ禍で失業率が高まったフィリピンで多くプレイされ，彼らの収入をサポートしたという社会的意味合いでも注目されました。

STEPNは日本国内でもヒットし，芸能人の参加や地上波で放送されるなどメディアの注目を浴びました。しかし，AxieもSTEPNも，ゲームを初期にプレイした先行者の利益が大きく，後から参入した人の中には大きな損失を出した人も多く，ポンジスキームと揶揄されることもあります。ここでは代表的なGameFiであるAxieやSTEPNを紹介し，GameFiとDeFiの関係をひもときます。

GameFiを一言で表すと，ゲームをプレイすることで運営が発行する暗号資産を入手することができ，それを売却することで収入が得られるゲームのことです。プレイには，最初にNFTを購入するなどの一定の投資が必要なゲームが多いですが，無料で始められるFree to Playのゲームも存在します。このGameFiの中で最もヒットしたといえるのが，AxieとSTEPNです。

AxieもSTEPNも，同様の3種類のトークンを使用するモデルです。まずはゲームをプレイするためにNFTを購入し，それを使ってゲームをプレイすることでゲーム内のユーティリティトークンを得ます。ユーティリティトークンを売却することで利益を得られますが，トークンはゲーム内でNFTの修理や強化など，ゲームを継続したり，有利に進めたりするために使われます。これらのトークンを消費する機能により（ゲームの人気が続くことが前提となりますが）トークン価格の下落を防いでいます。このユーティリティトークンとは別に，ガバナンストークンというものがあり，これは運営の方向性に投票する際に利用されます。株式会社が株主総会で投票するのに似ていますが，株主総会の議決権行使よりも頻繁に投票が行われるイメージです。

### ② Axie Infinity

GameFiとして最初に大きくヒットしたゲームが，Axieです。AxieはベトナムのSkyMavis社が開発したゲームで，Axieと呼ばれるモンスター（NFT）を購入し，それを使ってクエストを攻略したり，他のプレイヤーと対戦することでユーティリティトークンのSLPやガバナンストークンのAXSを入手するゲームです。

しかし，ゲームが話題になって注目されると，新たな課題が生まれました。ゲームに参入するために必要なNFTの価格が高騰し，参入のハードルが上がってしまったのです。ここで考案されたのがスカラーシップという仕組みです。

スカラーシップの流れは次のとおりです。

① NFTの保有者が，保有するNFTをプレイヤーに貸し出す
② プレイヤーはAxieをプレイすることでSLPトークンを得ます
③ 得たトークンを一定の割合で分け合うことで，NFT保有者もプレイヤーも収入を得ることができます

この収入がフィリピンなどの新興国に住む人の生活を助けたとして，Axieは有名になりました。Axieのプレイヤーの約50%が，それまでに暗号資産に触れたことのない人だったといわれています。ただ，Axieの課題として，プレイヤーの得る収入が，新規プレイヤーが参入時に拠出する資金に依存してしまっているという点があります。

既存プレイヤーは，保有するNFTを新規プレイヤーに販売することで差益を得て，またゲーム内で稼いだSLPトークンを売却し，それを新規プレイヤーがゲーム内で利用するために購入します。この仕組みは，ゲーム内へのプレイヤーの流入が進んでいる間は問題ありませんが，それが止まる（新規参入者が途絶える）とNFTやトークンの暴落が始まり，デフレスパイラルとなります。Axieでは運営のコントロールの失敗をきっかけに，デフレスパイラルが始まり，NFTやトークンの暴落とプレイヤー離れが進みました。Axieの低迷が始まった頃に流行し出したのが，GameFiの次のキラーアプリであるSTEPNです。

### ③ STEPN

STEPNは，そのホワイトペーパーの中で，GameFiにより「何百万人もの人々を，より健康的なライフスタイルに導き，気候変動と戦い，一般の人々をWeb3.0に招待する窓口になることを目指しています」と述べています。また，将来的にはSocialFiを目指しており，ユーザーが生成したWeb3.0コンテンツを

使用する，長期的なプラットフォームの構築を目指しているとしています。

ゲームの内容はシンプルで，靴のNFTを購入し，スマートフォン上のアプリで運動することで，ユーティリティトークンのGSTを得ます。靴には様々なパラメータが割り当てられており，レベルアップしてパラメータを上昇させることができます。また，２つの靴を掛け合わせて，新たな靴NFTを生成することができ，これらの活動にGSTが消費されインフレを防いでいます。このほかに，ガバナンストークンであるGMTが存在しています。

Axieと同じく，NFT，Game内通貨，ガバナンストークンの３本柱となっています。ここに新しい点はありませんが，Axieと比べてGame内通貨の用途を多く用意することで，インフレを防ごうとしています。

STEPNは，日常に紐付く「運動」という要素や，直感的でマニュアルが要らないUI/UXが奏功して，日本国内でもヒットしました。多くのゲームは，数多くの娯楽の中から，ユーザーの貴重な自由時間を勝ち取る必要がありますが，STEPNはユーザーの移動時間を利用するために，そのレッドオーシャンから抜け出ています。

また，STEPNは英語のアプリですが，プレイするために英語を理解できる必要はほとんどありません。記号や直感的に理解できるUI/UXによって，始めるためのハードルが低くなっています。STEPNもユーザーの約30％は，暗号資産に触れたことがないユーザーでした。

このような理由からヒットしたSTEPNですが，トークン設計がAxieと同様であったために，やはり同じ課題を抱えていました。プレイ人口が急激に増加した後に運営チームがコントロールに失敗し，NFTとトークンの価格が暴落しました。

これらのGameFiの課題はポンジスキームとも揶揄される仕組みになっている点です。どちらのゲームも，開始するためにはNFTの購入が必要で，プレイヤーが掛金を先に支払い，それが先行プレイヤーの利益になる仕組みになっています。利益を得るには，今後新規プレイヤーが多くなりそうなGameFiにいち早く参入し，後続プレイヤーから利益を得て，さらに自分より先行して参入したプレイヤーより先に利益確定する必要があります。

#### ④　Free to Play等

②や③はNFT購入モデルに内在する課題ですが，GameFiには他のモデルも存在します。たとえばEmberSwordはFree to Playと呼ばれるスタイルで，ゲームを始めるにあたってNFTの購入が必要ありません。このゲームの収益源はゲーム内課金や広告といった，従来のソーシャルゲームと同じものです。ただ，現状のGameFiは，ウォレットの接続などが必要になり，通常のゲームよりも参加のハードルが高くなっています。そのために多くのプレイ人口が必要となる広告型は不向きだと考えられます。

他のGameFiの例としてはDeFi Kingdomsがあります。しかし，DeFi Kingdomsはまだ開発途中で，現段階ではゲーム性が低く，ゲーム内に存在するBankと呼ばれるDEX（分散型取引所）に仮想通貨を預けることで，利回りを受け取れる仕組み（DeFiのイールドファーミング）が存在する点が大きな特徴になっています。DeFi Kingdomsが注目を浴びた理由もその投機性で，大きく利益を得た人と損失を出してしまった人の両方がいます。

GameFiの課題として，投機性が大きいものに注目が集まり，利益や損失が大きく出てしまう点があります。これは一般的には，運営チームが望むものではないでしょう。

GameFiのPlay & Earnを実現するには，プレイヤー同士が資産を奪い合うのではなく，ゲームとプレイヤーが共に成長するモデルが必要です。ガバナンストークンはそのような役割を一部担っていますが，十分ではありません。ゲームプレイヤーから得た売上ではなく，広告収入などゲーム外への売上がプレイヤーに還元され，プレイヤーもそれを実現するために外部へ宣伝し，それが健全な成長につながるような好循環が必要です。しかし，それを行うにはゲーム自体が一定の成長をする必要があり，BAYCやCryptoPunksのようなNFTコレクションが，そのようなIPになってきています。

プレイヤーも運営の一員であり，共に成長する—そのようなGameFiの誕生が期待されています。

# 第 2 章

# DeFiと金融ビジネス

# 1 DeFiエコシステム誕生の衝撃

## (1) DeFiと既存金融機関は競合関係

DeFiは，既存の金融機関とどのような関係にあると捉えることが適切なのでしょうか。

本章では，DeFiの発展が既存の金融機関のビジネスにどのようなインパクトを与えるかについて考える上での前提となる，DeFiと既存の金融機関との関係について確認したいと思います。その後，DeFiが発展すると，既存の金融機関のビジネスがどう変わるのかということを推察していきたいと思います。

DeFiと既存の金融機関との関係を確認する上で，あらためてDeFiの特徴をいくつか取り上げたいと思います。DeFiの押さえておくべきいくつかの大きな特徴の１つとして，既存の金融機関が提供する「金融機能」と同等の機能を既存の金融機関を介することなく，利用者に提供する仕組みであることが挙げられます。

このような既存の金融機関を経由せずとも「金融機能」を提供できるという特徴は，DeFiが既存の金融機関と協調したり補完したりするものではなく，既存の金融機関のビジネスを代替・侵食するものと捉えることが自然です。

既存の金融機関のビジネスを代替・侵食するという点だけ捉えても，DeFiと既存の金融機関は「競合」する関係にあるといえます。

では，DeFiは，単に既存の金融機関のビジネスを代替・侵食するだけでしょうか。DeFiが既存の金融機関にとってより脅威となりうるのは，既存の金融機関が展開している市場を代替することだけではなく，むしろ，既存の金融機関が手を出せない市場に対しても「金融機能」を提供することができる点にあります。

DeFiが既存の金融機関が提供する金融サービスの代替・侵食ばかりでなく，新たなニーズを充足するものであるとすると，それは既存の金融機関にとって潜在的な市場となっていたはずのニーズを先んじて捉えているということになります。言い換えれば，既存の金融機関のビジネスの成長性を低下させる要因になるということになります。

このような観点からも，DeFiは，既存の金融機関のビジネスを補完したり，連携して新しい市場を開拓したりするものではなく，既存の金融サービス利用者や潜在的な利用者を奪い合う「競合」関係にあるといえます。

既存の金融機関のビジネスを代替・侵食するという意味では，現在提供されているキャッシュレス決済や後払いサービス等のような新しい金融サービス，いわゆるFintechサービスもDeFiと同様ではないかという考えもあるかもしれません。確かに，こうしたFintechサービスも既存の金融機関のビジネスを代替しているという見方は可能ですが，キャッシュレス決済におけるチャージや後払いサービスの最終的な支払の場面等，何らかの形で資金決済システム等の既存の金融システムを利用するケースがほとんどです。

こうしたFintechサービスは，既存の金融システムを前提に，場合によっては既存の金融機関と連携することによって顧客利便性の高い新しい金融サービスが生み出されることが多いという点で，必ずしも既存の金融機関と「競合」の関係にあるとはいえません。そうした意味では，既存の金融機関を介することなく，利用者のニーズを充足する「金融機能」を提供するDeFiとは既存の金融機関との関係性において異なるものと考えられます。

また，既存の金融機関を介することなく利用者に「金融機能」を提供するという特徴以外に，DeFiが既存の金融機関のビジネスに与えるインパクトを確認する上で，もう1つ押さえておくべきDeFiの大きな特徴として，DeFiが提供する「金融機能」の範囲が挙げられます。DeFiが提供する「金融機能」の範囲は，すでに既存の主要な金融サービスをカバーするほど広がっています。

たとえば，DeFiは，預金や担保貸付，デリバティブ取引や保険など幅広い金融分野において利用者に対して，既存の金融機関が提供している金融サービスと同等の「金融機能」を提供しています。

このことは，DeFiが発展することで広範な「金融機能」を提供し，既存の金融機関のビジネスを大きく代替・侵食する可能性があることを示唆しています。既存の金融機関のビジネスに与える潜在的なインパクトは決して小規模にとどまるとはいえないということがわかります。

## (2) 「競合」しているのはエコシステム

既存の金融機関が「競合」関係にあるDeFi市場の拡大に対して取りうる対抗策を考える上で，DeFiの大きな特徴の１つである既存の金融機関を介することなく金融機能を提供する仕組みについて，改めて確認します。

DeFiの仕組みについて，たとえば，日本銀行が2021年４月に公表した日銀レビュー「暗号資産における分散型金融―自律的な金融サービスの登場とガバナンスの模索―」では，「分散型金融（Decentralized Finance, DeFi）は，暗号資産市場において，様々な金融サービスをプログラムにより自律的に提供する仕組みである」とし，「確立した定義は存在しないが，特定の管理主体を必要としないパブリック型ブロックチェーン上で，スマートコントラクトを活用して構築・運用される暗号資産の金融サービスを指す」としています。

この「パブリック型ブロックチェーン」と「スマートコントラクト」が中央集権的な仲介機関の代わりに取引を自動執行することで，DeFiは，既存の金融機関を介することなく利用者に対して金融機能を提供することを可能にしています。

言い換えると，既存の金融機関が金融サービスを提供する「エコシステム」とDeFiが利用者に金融機能を提供する「エコシステム」は，根本的に異なるといえます。

たとえば，銀行間送金では，銀行（口座）を境に一般利用者が入ることのできない全銀ネットや日銀ネットと呼ばれるクローズドの世界で，専用回線を通じてデータをやり取りし，口座残高のデータを書き換えることで資金が移転した実態を作り出します。すなわち，送金者の銀行口座の残高が減少し，受領者の銀行口座の残高が増加することで送金が達成されます。証券の世界でも証券会社の証券口座を境に内側にクローズドの世界があり，多様な関係者が関与する形で証券の移転が達成されます。

これに対して，DeFiが基盤とする「パブリック型ブロックチェーン」の上では，そうしたクローズドの世界を構築する必要はなく，また，銀行や証券会社といった仲介機関も必要なく，オープンなネットワークを通じて直接P2P（ピア・ツー・ピア）で相手方に財産的価値を移転させることができます。

このように，既存の金融システムとDeFiは，利用者の視点では享受する「金融機能」は同じだとしても，その機能を提供するための基盤および「エコシステム」は根本的に異なっています。

では，この2つのエコシステムを融合することは可能でしょうか。ブロックチェーンが登場してしばらくは，既存の金融システムの一部に「パブリック型ブロックチェーン」を適用しようとする動きがありました。ただ，全体の金融システムの構造を変えない前提，言い換えると，既存の金融システムの一部にブロックチェーンを組み込もうとする取組みはほとんど成功しませんでした。

たとえば，銀行間送金で使われる全銀ネットでは，自らに関わる取引以外の取引履歴は見えません。ブロックチェーンを適用する場合こうした仕様の維持が求められ，ブロックチェーンでありながら自らと関係ない取引は見えないようにするなど，ブロックチェーンの特性を打ち消すことが求められ，結果としてブロックチェーンを使うメリットが見出せなくなり，既存の金融システムにおけるブロックチェーンの活用は進みませんでした。

また，既存の金融機関が「パブリック型ブロックチェーン」を活用して利用者に金融サービスを提供しようとする場合も，元来仲介機関を必要としない仕組みであり，トークンにリテラシーのある利用者にとってわざわざ金融機関を介してトークンを移転させるメリットはなく，金融機関側にとっても，指定されたウォレットへの送金等は，規制遵守の面で大きな負荷がかかるため，個別の金融機関による「パブリック型ブロックチェーン」の活用は進みませんでした。

既存の金融システムは，口座保有者の透明性は確保しつつも，関係ない者の取引記録は見えない仕組みとなっています。その一方で，「パブリック型ブロックチェーン」は，ウォレット保有者の匿名性が高い反面，すべての取引履歴が公開される仕組みとなっています。このように既存の金融システムとDeFiは，アーキテクチャが全く異なり，相互に相手の「エコシステム」に参入することのハードルは高い関係にあると考えられます。

DeFiと既存の金融機関が属する「エコシステム」が根本的に異なること，および融合することが困難であることから，個々の金融機関とDeFiとの「競合」というよりも，「エコシステム」同士の競争となっているといえます。このため，どちらの「エコシステム」がより利用者の支持を得られるかで雌雄を決することになると考えられます。

「エコシステム」同士の競争であり，新しい「エコシステム」への構造的転換が起こる場合は法規制や利用者の意識などにおいて大きな飛躍が必要となるため，DeFiと既存の金融システムとの競争は，時間をかけて続くと考えられます。

## (3) 構造的転換

DeFi「エコシステム」への構造的転換が時間をかけて続くとすると，どのような変遷をたどるでしょうか。以下では，1つのシナリオとして考えられる変化を推察します。

短中期的には，DeFiが，その特徴を生かした領域で既存の金融機関が捉えきれていない利用者ニーズを捉えていくところからDeFi市場の拡大が始まると考えられます。具体的には，トークンを使いこなす個人のアーリーアダプターから始まり，徐々に新興国やマスリテール層，特に若年層といった既存の金融機関が採算性の観点でこれまで手掛けてこなかったセグメントから，DeFiが浸透していくものと考えられます。この段階を越えて浸透していけるかどうかが，DeFi市場が拡大する上で，当面の重要なポイントになると考えられます。

規制当局等は，一定以上に浸透したサービスを，全く使えないようにすることは経済的にもレピュテーション的にもダメージが大きくなることから，そのような選択をすることが難しくなるためです。相当程度にDeFiが浸透する「マスアダプション」に達すると，DeFiの台頭を抑え込むのではなく，所与のものとして法規制を整備する方向に傾く可能性があります。

DeFiがこうした層に浸透する上で，「パブリック型ブロックチェーン」は，コスト構造の面で大きな優位性を持っています。既存の金融機関にとって採算面でこれまで十分な金融サービスを提供できていなかった顧客層について，DeFiであれば採算が取れるため，上述の顧客層にDeFiが浸透する素地はできているといえます。

中長期的には，NFTをはじめとする暗号資産やセキュリティトークンまで含めて，多様なトークンが生まれ，メタバースやDAOなど顧客体験（UX/CX）を向上させるユースケースが台頭してくると予想されます。それとともに，より幅広い層に，そのようなトークンやDeFiおよびDAOを含むWeb3.0が受け入れられる中で，DeFiを通じた取引が活発化し，DeFi市場が拡大していくと考えられます。

さらに長期的には，銀行や証券会社といった金融機関の口座ではなく，ウォレットを軸に経済活動が行われる中で，経済活動を支える基盤・エコシステムが既存の金融システムから「ブロックチェーン」と「スマートコントラクト」を基盤とするDeFiを含むWeb3.0中心に置き換わることにより，DeFi対既存金融機関の提供する金融サービスの競争は，既存金融機関の提供する金融サービスの劣勢が巻き返せないところまで明確になると考えられます。

中長期的な視点においても，DeFiおよびその基盤となっている「パブリック型ブロックチェーン」は，多様な顧客層に浸透する上で大きな優位性を持っています。すなわち，様々な資産がトークン化されても，トークンである限り，ごく少数のウォレットで一括管理・保管が可能ということです。

とりわけ，商品・サービスの売買とその決済という経済活動において，常に発生する決済トークンもウォレットに含まれていることで様々な連携サービスが容易になります。

これに対して，既存の金融システムでは，分野ごとにエコシステムが構築されています。銀行間送金を担う全銀ネット・日銀ネットと証券決済に関わるクリアリング機構や証券保管振替機構や全く別のエコシステムになり，この2つを連携させることは容易ではありません。

Web3.0では，セキュリティトークン，ステーブルコイン，暗号資産，NFT，いずれであっても，「パブリック型ブロックチェーン」上のトークンです。現時点では多くのトークンはEthereum上のトークンです。様々なデジタル資産を連携させるサービスの構築は非常に容易であり，そこからこれまでにない顧客体験が生まれる可能性があります。そうした顧客体験は既存の金融システムで生み出すことは非常に困難です。

ウォレットが1つとは限らず，ブロックチェーン基盤も一択ではないとはいえ，複数のブロックチェーン間の連携は，クロスチェーンの技術およびサービスが発展することでさらに容易になり，先述の銀行間送金システムと証券決済システムを連携させることと比較して，はるかに簡潔にできます。

新しい顧客体験を幅広い顧客層に打ち出せる「パブリック型ブロックチェーン」のほうが中長期的にも利用者に支持される可能性があるということになれば，様々な企業がトークンを活用するようになり，エコシステムの大転換につながります。

このように規格そのものが相いれない商品同士の競争は，今回が初めてではありません。たとえば，デジタルカメラと銀塩フィルムカメラやCDとレコードなど，過去に起きた類似の事例と照らし合わせることが可能です。

ただ，今回は商品レベルの競争にとどまりません。「金融機能」の提供フロー前後のプロセスも含めたエコシステム全体が全く異なる仕組みとなっており，周辺ビジネスまで巻き込んでの競争となっています。このため，競争を通じて既存の金融機関が提供する「金融機能」がDeFiに置き換えられる場合の社会的なインパクトは先ほどの事例よりもはるかに大きなものとなることが想定されます。この潜在的なインパクトの大きさを捉えて，DeFiを含むWeb3.0をインターネットの登場以来の変革と捉える論調もあります。

現時点では，「金融機能」を提供しているのはもっぱら既存の金融機関であり，今後DeFiがどれだけ利用者に利便性の高い「金融機能」を提供できるかが論点だと考えると，DeFiは，デジタルカメラやCDのポジションに近いのかもしれません。あるいは，専用デバイス（金融サービスの場合は口座）を必要としなくなるという点で，CDとストリーミングの競争に置き換えてもよいかもしれません。

このように伝統的な金融機関とDeFiの競争は，互いに参入困難な「エコシステム」同士の競争となっている側面があり，競争の土台がそもそも異なることから，個々の金融機関が対抗する手段が限られていることが特徴として挙げられます。

市場環境や利用者の選好がDeFiに傾くのであれば，金融機関としては既存の「エコシステム」の上でビジネスをするのではなく，DeFiの「エコシステム」が広く普及することを所与としてビジネスモデルを考える必要があるということになります。それは，既存の金融サービスを改善するというレベルの話ではなく，ビジネスモデルそのものを大きく転換する必要があることを示唆しています。

# 2 DeFi市場の拡大

## (1) すでに一部の既存金融ビジネスを代替し始めているDeFi

DeFiのいくつかの分野ではすでに既存の金融ビジネスを代替・侵食し始めています。

Chainalalysis社が2022年６月22日に公表した分析（原題：*DeFi-Driven Speculation Pushes Decentralized Exchanges' On-Chain Transaction Volumes Past Centralized Platforms*）によると，DeFiの１つであるDEX（Decentralized Exchange：分散型取引所）の分野では，すでにオンチェーンの取引高でCEX（Centralized Exchange：中央集権型取引所）と呼ばれる従来型の暗号資産交換所の取引高を上回っていることが示されています（**図表２－１**参照）。

同分析では，大手CEX５社として，Binance，OKX，Coinbase，Gemini，FTXを挙げています。このオンチェーン取引高とは，トークンの入出金等によりブロックチェーンに取引記録が反映される取引高であり，CEX内部での帳簿上の付替えによる取引高は含まれていません。

したがって，帳簿の付替えにとどまってオンチェーン取引高にカウントされない取引まで含めれば，引き続きCEXがDEXを上回っている可能性はあります。それでも，BinanceやCoinbaseといった大規模なCEXを抑えて，DEXのオンチェーン取引高がここまで拡大していることは，他のDeFi分野にも重要な示唆を与えます。

実際に，市場全体の取引高が減少傾向であるとはいえ，Coinbaseなどが四半期ベースで赤字決算となることが起こり始め，収益環境の変化を受けて人員削減等のコスト削減を公表したり，大手５社に入っていないものの大手の一角

図表２－１　CEXおよびDEXにおけるオンチェーン取引高

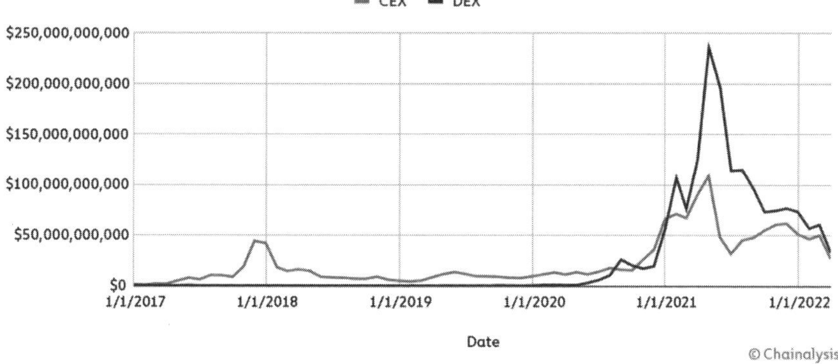


（出所）　Chainalalysis, *DeFi-Driven Speculation Pushes Decentralized Exchanges' On-Chain Transaction Volumes Past Centralized Platforms*

を占めるフォビグループの創業者が株式の売却を検討しているとのニュースが出たりする実態から，DeFiが既存の金融ビジネスに与える潜在的なインパクトの大きさがうかがえます。

伝統的な金融の世界で有価証券の売買注文をマッチングする証券取引所といった金融商品取引所と異なり，ブロックチェーン上のトークン同士またはトークンと法定通貨の交換を提供する交換所ビジネスは，預金や貸付，有価証券売買といった他の伝統的な金融ビジネスと比較して，歴史が浅く市場規模がまだそれほど大きくないこと，トークンの交換というDeFiが取り組みやすい領域であったこと，利用者がDeFi（DEX）を利用することに抵抗が少なかったこと等から，いち早くDeFi市場の拡大の影響が表れた金融領域となったと考えられます。

伝統的な金融ビジネスの分野では，利用者側の受入れ姿勢や規制上の観点および周辺エコシステムとの連携等の観点からDEXのように短期間でDeFiが市場の過半を占めるほど拡大することは難しいと思いますが，一定の条件がそろえば，そうした逆転劇が起こる可能性があることや，それがそれほど遠い未来の話ではないことをオンチェーン取引高の分析は示しています。

## (2) DeFi市場拡大を左右する利用者の経験値

後述するようにメタバースといったWeb3.0市場をけん引するユースケースの登場が見え始める中で，トークンを活用したビジネスが広がり，利用者がウォレットやNFTといったトークンを活用する経験値が上昇することが考えられます。

ビットコインをはじめとする暗号資産が金融機能を代替する手段として活用される事例は，金融サービスが高度に発展している先進国ではなく，金融サービスがマスリテール層まで届かない新興国から台頭する傾向も見えています。

これまでマスリテール層に対して，人手を介する伝統的な金融サービスでは，採算面から，規格化された商品・サービスのみを提供するか，そもそもそうした層に対する金融サービス提供自体を行わないという傾向があったように思います。人件費を賄えるほどの手数料を払うことが可能な富裕層に対しては，担当者が張り付いて顧客ニーズを吸い上げた上で様々な商品・サービスをニーズに応じてパーソナライズしながら提供することが可能ですが，マスリテール層に対して，そのような利用者ニーズに応じたパーソナライズされたサービスを提供することは，既存の金融機関ではあまり見受けられません。

融資についても，審査等に係るコストを賄うため，一定金額以上でなければ借入れできなかったり，申込みから資金が入金されるまでの期間が長かったりするなど，小口や短期資金ですぐに入金が必要な資金調達のニーズには応えられない場合がありました。

証券化商品は，組成等に様々なコストがかかり，数百億円という単位でなければ証券化できず，中小企業や個別の不動産等は証券化の仕組みを活用できません。また，証券化商品の投資家側も，最低数億円という投資金額を用意できる大口投資家しか高い収益率の商品にアクセスできませんでした。

一方，セキュリティトークンやNFT，暗号資産は，既存の証券化商品よりも少額で発行し，少額でトークンを販売することを可能にすると考えられます。

DeFiは，こうした既存の金融機関が提供する金融サービスで応えることが難しいニーズにも応えることができ，顧客体験の面で既存の金融サービスを上回る可能性があります。

既存の金融サービスは市場規模も大きく，利用者も既存サービスに慣れているため大きな変化が起こるには時間がかかると考えられるものの，DEXが暗号資産交換所（CEX）に与えた変化は決して他人事ではありません。

DeFiとの共存という選択肢が考えにくい以上，既存の金融機関は，ビジネスモデルの大胆な転換が必要であることについて認識し，体力のあるうちに動き出すことが肝要と考えます。

## (3) DeFiの発展を促すトークンの多様化

DeFi市場が拡大する契機はいくつか考えられますが，その1つと考えられるのがトークンの多様化です。トークンと財産的価値を紐づけることが日常的に行われるようになり，既存の金融システムの中では資金調達手段が限られていた中小企業や個人事業主，個別の不動産等の資産，非営利団体や地方自治体などがNFT等のトークン発行を通じて資金調達したり，商品・サービスを販売したりできるようになっています。

かつてのICO（Initial Coin Offering）のような詐欺的な資金調達への警戒感もあり，発行体側の情報開示の精度は向上し，プロジェクトの執行に対する状況にも改善が見られます。

投資家・購入者側も収益性以外の個人的な嗜好やファンとしての応援といったニーズを充足するトークンが現れることで，顧客体験が向上することにもつながります。

トークンの世界では，既存の株式や債券，ファンドでは生み出すことのできない商品・サービスが生まれています。この市場が大きく拡大すると，アーリーアダプターではなく，マスリテール層が日常的にウォレットを保有し，自身のニーズにあったトークンを購入するようになります。そして，トークンを移転・交換する仕組みとしてDeFiの利用が拡大していくことが予想されます。

トークンの多様化が進み，トークン発行者およびトークン投資家・購入者双方のニーズを満たしていく中でトークン経済が発展し，金融機能を提供するDeFiも発展する一方で，伝統的な金融機関の提供する金融サービスが縮小していくことは避けられないと考えます。

なお，このように「エコシステム」が置き換わることで，トークンと財産的価値を紐づける領域や，多様なトークンを顧客ニーズに合わせて提示する領域，トークンのカストディ機能やトークン価格の算出など新たなニーズが発生する領域もあり，既存の金融サービスに係る市場の縮小が見込まれる金融機関については，そうしたトークンの多様化という潮流に合わせたビジネスモデルへの転換が必要になると考えられます。

## (4) DeFiの高いコスト効率

IMF（国際通貨基金）が2022年４月に公表した「Global Financial Stability Report」（以下「IMF報告書」といいます）の中で，DeFiと伝統的金融機関とのコスト効率に係る分析がされています。

先進国と新興国のそれぞれにおいて，銀行とノンバンクに分けてコスト効率が算出されている中で，DeFiはいずれの銀行やノンバンクと比較しても圧倒的に低い限界費用と高いコスト効率を示していると分析されています。

高いコスト効率は，人件費やオペレーションの省略による部分があるという分析がなされる一方で，低コストの背景として規制資本や規制遵守に係る規制コストの回避を挙げており，この点については検討が必要としています。また，価格変動の大きい資産を担保に貸付を行っていることから生じるリスクについても言及しています。

ただ，こうした留意すべき事項は少なくないものの，低い限界費用がこれまで既存の金融機関が手掛けられなかった顧客層に新たな金融機能へのアクセスを提供していることは確かです。

また，顧客セグメントという観点だけでなく，たとえば，預金に近い機能を提供するレンディングプロトコルに分類されるDeFiでは，既存の金融機関よりも高い金利を提示して，利用者を惹きつけています。

## (5)　DeFiの発展速度を決める利用者動向

既存の金融機関が提供する「金融機能」が，DeFiの提供する「金融機能」に置き換えられるという構造的転換の時間軸を大きく左右する要素は，大別して２つあります。むしろ，本質的には１つに集約されるといってもよいかもしれません。その本質的な１つとは，「利用者の受入れ姿勢」です。

利用者がDeFiの提供する「金融機能」の利用を選好する限りにおいて，既存の金融機関がその流れに抗うことは極めて困難です。

おそらく，利用者の選好の変化は，DeFiのような金融領域からではなく，NFTやメタバースといった，金融から遠い分野で先行して起こり，ウォレットやトークンに対する抵抗感がなくなった状態で，DeFiの世界に波及し，DeFi市場が拡大していく可能性が高いと考えます。

利用者から見れば，求めるニーズが満たされるのであれば，それがDeFiと呼ばれるサービスであろうが，既存のCeFiであろうが，基本的に関心はありません。

画像を撮りたい時に銀塩フィルムなのか，デジカメなのか，スマホなのか，は利用者が決めます。メッセージを届けたい時に手紙なのか，メールなのか，チャットなのか，代金を支払いたい時に，現金なのか，銀行振込なのか，クレジットカードなのか，ステーブルコインなのか，これらも利用者が何を選ぶかで市場の行く末は決まります。

このように土俵の異なるビジネスが同じ機能を提供しながら競争をしているのが，DeFi対CeFiの構図となっています。こうした構図は長くは続かず，DeFiのマスアダプションがいつ起こるのかが焦点となっています。利用者から見て最も使い勝手のよいものが選ばれ，選ばれるビジネスが生き残るだけです。

この利用者の動向こそが，DeFi拡大の時間軸を左右する本質的な要素となります。

## ⑹ 構造的転換に気づくタイミング

既存の金融機関としては，既存の金融サービスの市場が代替されていくことを実感する頃には，すでにビジネスモデルの転換のタイミングとして遅すぎたという状況になっている可能性があります。

気づいた時には構造的な転換がかなり進んでいるという状況が発生するのは，前述のように既存の金融システムとDeFiの基盤となる「パブリック型ブロックチェーン」の「エコシステム」が根本的に異なるということが大きな要因となります。

トークンではない商品やサービスを扱う商流ビジネスにおける決済等の既存の金融サービスの「エコシステム」は，先進国を中心に高度化されており，基本的に金融取引の前後の企業内部の経理等のオペレーションと有機的につながっています。

前述のように，既存の金融の「エコシステム」とDeFiの「エコシステム」は，融合することが難しく，たとえば，一連の取引の処理プロセスのうち決済等の金融サービスの箇所だけをブロックチェーンベースに切り替えても，利用者視点での利便性に差がつかないだけでなく，前後のオペレーションとの連携を新しく整備・構築する必要があり，事業者側もブロックチェーンを活用するメリットが見出せないという状況が発生していました。

既存の金融の「エコシステム」にDeFiの「エコシステム」が少しずつ浸透してくるのであれば，既存の「エコシステム」上でビジネスを展開する金融機関もその変化に気づきやすいですが，そのような「改善」の形態は起こりにくく，自らが属する金融の「エコシステム」と全く異なる「エコシステム」で利用者のニーズが捉えられ，DeFi市場が発展した段階で変化に気づくという現象が起こるかもしれません。

## ⑺ DeFi市場の拡大の契機となりうるメタバース

DeFiの発展には，既存の金融システムと根本的に異なる「エコシステム」

の拡大が必要であり，多数の利用者を惹きつけるDeFiあるいはWeb3.0ネイティブの強力なユースケースの登場が必要です。

そして，DeFiが圧倒的な利便性を発揮する経済圏が，急速に拡大する気配を見せています。それが，メタバースです。新たに登場したメタバースの世界では，金融エコシステムは一から構築されるものであり，現在は，白地のキャンバスに絵を描くかのような状態です。

多くのメタバースでは，まだ既存の金融エコシステムとの接続・連携は構築されていません。ただ，メタバース内に「金融機能」を取り入れるにあたっては，送金や証券など商品ごと，かつ，国ごとに「エコシステム」が存在する既存の金融機関が提供する金融サービスを組み入れることはむしろ利用者利便を低下させると考えられます。そのため，1つのウォレットで多様なトークンを取り扱うことができ，世界共通のDeFiやDAO等を通じて金融機能を利用できるWeb3.0型の金融エコシステムの活用が拡大すると考えられます。

メタバースとしての競争力が，集客力やメタバース内で行われる経済活動の量で測られるのだとすると，メタバースとしてもWeb3.0を取り込んでいく強いニーズがあります。ただ，メタバースの拡大によるDeFi市場への波及効果という観点では，間接的な効果となる部分が多いかもしれません。

メタバースが強いニーズを持つWeb3.0の構成要素としては，NFTや暗号資産が挙げられます。DeFiよりも，まずはトークン，とりわけ，NFTと暗号資産の市場を活性化させると考えます。

NFTは，仮想空間であるメタバース内で経済活動を円滑に行う上では必須となります。いわゆるWeb2.0型の中央集権的な仲介機関を必要とする財産的価値の移転や交換手段は，経済活動の取込みを目指すメタバースにとって，NFTよりも使い勝手やコストの面で大きく劣ると考えます。

NFTは，他のトークンと比べると規制が少ないため，資金調達以外にも様々な用途で発行され，すでに多種多様なNFTが発行されているにもかかわらず，発行されるNFTの数は，今後も高い水準を維持すると考えられます。

それだけのNFTが発行されれば，ライトユーザーがトークンを保有するきっかけとなるケースが増え，ウォレット保有者が増えることでNFTのP2P（ピア・ツー・ピア）の移転を支えるプラットフォームのニーズも高まり，DeFi市場にも波及するかもしれません。

メタバースでは，ステーブルコインではなく特定の法定通貨の価値と連動しない独自の暗号資産が決済トークンとして用いられることがほとんどです。Web3.0の世界でステーブルコインに対する強い需要があるのは，DeFiプロトコル等一部に限られます。

これらのことから，メタバースがDeFi市場に与える効果は直接的なものというよりは，NFTや暗号資産を通じてトークンやウォレットの利用者を拡大させることで，当該利用者の一部がDeFiを利用するようになるという経路をたどることが多くなると考えられます。

### (8) DeFi市場の拡大を懸念する当局

DeFiの発展に伴う伝統的金融機関のビジネスモデルに係る構造的転換の時間軸を左右する要素をもう１つ挙げるとすれば，それは規制当局や中央銀行の動向です。

既存の中央集権型組織に対する規制を通じて市場全体を統制しようとするアプローチをとる規制当局にとって，規制対象となるエンティティが存在しないとされるDeFiの拡大は，これまでと異なる規制アプローチを確立する必要があり，かつ，法執行の難易度が高いということで決して都合のよいものではありません。むしろ，効果的な規制手段がない中では台頭してほしくないものです。

また，中央銀行にとっては，銀行を通じて市中に出回る資金量を管理することで金融政策を実行してきたわけですが，DeFiが台頭することでお金が銀行ではなくDeFiを通じて移転するようになる場合，中央銀行が市中金利やマネー量を管理することが難しくなります。

このような背景があるものと推察されますが，実際に，目に見える弊害はなくとも，DeFiを含むパブリック型ブロックチェーンを活用したサービスが台頭する前から規制をかけて，関連ビジネスが広く拡大し，定着しないように尽力する傾向が見て取れます。

たとえば，旧フェイスブックが構想した暗号資産リブラは，各国当局の強い抵抗によりプロジェクトは進まず，計画はとん挫しました。エルサルバドルや中央アフリカ共和国など，ビットコインの法定通貨化を図る国に対しては，IMF（国際通貨基金）などが法定通貨化の見直しを再三にわたり求めています。先進国では，ステーブルコインの発行に際して銀行並みの規制を課す方向で検討が進められています。

しかしながら，最終的に選択するのは前述のように利用者たるユーザーです。ユーザーが決済通貨としてあるトークンを利用することが幅広く普及（マスアダプション）した場合，当局としても，その状況を覆すことは難しく，トークン利用を所与のものとして規制アプローチを確立せざるを得なくなります。

ステーブルコインの規制を強めても，決済トークンの台頭を完全に止められるわけではありません。NFTや暗号資産，DAOなど，Web3.0の要素を組み入れたWeb3.0型メタバースで使われている決済トークンは，法定通貨の価値に連動するステーブルコインではなく，どの国の法定通貨とも連動しないトークン（日本の法制度上は「暗号資産」に分類されると想定されるトークン）が使われています。

トークンの世界はボーダーレスであり，元来国境に縛られない無国籍通貨が求められる市場でしたが，これまでは法定通貨に対する価格変動がネックとなり決済利用が進まないといわれてきました。中央銀行や規制当局も，価格変動が激しく決済には使えないといった趣旨の発言を多く残してきました。

その一方で，法定通貨の価値に連動するステーブルコインに対する規制を強め，利便性を低下させることは，トークンの世界を規制下に置くことに必ずしもつながらず，決済には使えないと評する暗号資産を，国境を越えて利用される国際通貨へと押し上げる結果にもつながるかもしれません。

いずれにしても，こうした「パブリック型ブロックチェーン」と「スマートコントラクト」を基盤とするトークン経済のマスアダプションを望まない当局の施策次第で，DeFiの発展速度が一定程度左右されるものと考えられます。ただし，こうした当局も一定以上のマスアダプションが進むと，その実態を所与のものとして規制アプローチを修正せざるを得なくなります。

その意味でも利用者の動向がDeFiの発展に伴う構造的転換の時間軸を左右する本質的な要素といえます。

# 3 DeFiビジネスへの参入

## (1) 大きなDeFi市場はすでに先行されている

既存の金融機関にとっては，自らが提供する金融サービスを代替するDeFiも，見方を変えれば新しいビジネス機会と捉えることが可能です。DeFi市場の拡大に合わせて金融機関自らDeFiを手掛け，収益拡大を図ることは十分検討に値すると考えられます。

しかしながら，DeFi市場への参入に関しては，いくつか留意すべき事項があります。

まずは，DeFiが提供する「金融機能」の設定に関する事項です。預金と担保貸付機能を提供するレンディング，トークンの交換を行うDEX，そのほかデリバティブ取引や保険等の提供可能と考えられる「金融機能」のほとんどはすでに既存のDeFiにより提供されている状況であり，どのような「金融機能」の提供を選定するかという課題があります。

現時点で，潜在市場は大きいものの，まだどのDeFiも提供していない「金融機能」を見つけることは現実的にはかなり厳しいと考えられます。

したがって，DeFiを新たに立ち上げる場合，基本的にはすでに類似の「金融機能」が提供されている分野に後発として参入することが前提になります。その場合，後発であっても先行するDeFiを上回る利便性等のメリットを提供することで利用者を惹きつける必要があります。

ここでDeFi特有の課題がいくつか見えてきます。1つは，「スマートコントラクト」の位置付けです。DeFiが提供する「金融機能」のうち取引の自動執行部分を担う「スマートコントラクト」のコードは公開されており，類似のサービスを立ち上げること自体は非常に容易です。

先行するDeFiに類似するサービスを立ち上げるという観点では，まだ，それほどDeFi市場が大きくなかった頃は，公開される「スマートコントラクト」のコードを参考に類似のプロトコルを立ち上げて，一定の市場を獲得するケースもありましたが，現状では，これから後発として参入する場合は，以前のように単純なコピーでは成功する可能性はなく，差別化されたサービスを立ち上げつつ，一定の収益を生み出すまでにそれなりの期間と投資が必要となる可能性があります。

また，画期的な取引執行フローを「スマートコントラクト」によって生み出し差別化に成功したとしても，容易に類似のDeFiが出てくるということになります。「スマートコントラクト」のコードに競争力の源泉を組み込むことは難しく，コピーDeFiの出現を乗り越えて，すでに圧倒的な利用者基盤を築いている既存DeFiに打ち勝って，当該分野において優位なポジションを奪うということは，言うほど容易なことではありません。

DeFiでありながら「スマートコントラクト」や取引の自動執行以外の部分での差別化が求められるということになります。

## (2)　自前主義と大きく異なるDeFiのコミュニティ形成型組織運営

そして，おそらく最も重要なポイントは，そうした競争を勝ち抜くために必要な人的リソースや経営スキルは，既存の金融機関のビジネスとは全く異なるということです。このため，DeFi市場に参入する金融機関は，厳しい競争を勝ち抜くために人材採用と育成および組織体制等を大きく転換しなければなりません。

従来の金融機関の発想とは異なるアプローチが求められるポイントとして，自前主義とは全く異なる，貢献者に報いるコミュニティ形成型の運営が求められる点があります。自らの支配力を削ってでも，貢献者にガバナンストークンを配布する分散型経営を志向できる金融機関は，現時点でそれほど多くないのではないでしょうか。

他方で，利用者が集積することが最大の競争力となるDeFiでは，新しい

DeFiを立ち上げて取引を活発にするためには，迅速な意思決定や，斬新なサービスの継続的な投入など，高度な技術や知見を集めつつ，リスクをとるべきポイントを見極める戦略性も必要となります。このため，最初から分散型の組織運営を立ち上げることは困難です。

このDAOを含むDeFiスキームのデザインは，既存の金融機関がこれまで培ってきた知識や経験だけでは十分ではなく，多様な貢献者を惹きつけるコミュニティ形成型のスキルとネットワークが必要不可欠となります。

既存の金融機関がDeFiを構築することを検討する場合，必ずどのようにマネタイズするかを検討するはずです。また，事業を推進する上で，戦略的な意思決定は，事業を手掛ける金融機関が行うべきと考えるのではないでしょうか。ここに，既存の金融機関が提供する金融サービスと根本的に異なる組織運営や収益還元の考え方があります。このことに気づかなければ，DeFiの分野でどうマネタイズするかのモデルを見誤ることになります。

### (3) DeFiに使われるDAO

多くのDeFiは，取引の自動執行部分以外に組織運営においても「スマートコントラクト」が活用されており，DAOと呼ばれる組織形態によって業務運営がなされています。

DAOは，DeFi以外にも幅広く使われており，集団投資スキームに似たInvestment DAOや，コレクションを目的とするCollector DAOなど様々なカテゴリーがあります。ガバナンストークン保有者の投票による意思決定が一般的な形態ですが，一部のガバナンストークン保有者が大量に保有して実質的な意思決定権限を有することも可能となっています。

究極的に分散型の保有構造を目指すDAOもある一方で，最初から分散型を目指さないDAOまであり，分散型になることが義務付けられているわけではありません。一般的に特定のガバナンストークン保有者にトークンが集中することは，中央管理者を置くことに近い状態になりますが，一定の利用者基盤が構築できるまでは，迅速な意思決定やリスクの見極めが必要なことから，立ち上げ期を目途として中央集権的な構造を残すDAOも少なくありません。

傾向としては，現時点で中央集権的な構造を残すものも含めて，DeFiの分野では，究極的に分散された構造を目指すDAOが他のDAOのユースケースと比較して多いように思われます。

このことは，他のDAOが用いられているユースケースと比較して，DeFi分野では，共感する一定数のメンバーが集まれば成立するInvestment DAOと違い，成功と呼べるほど取引が活発に行われるためには多様な利用者を惹きつける必要性が高く，円滑な取引を支える貢献者の存在も必要不可欠なことから，大きなコミュニティを維持・発展させる上で，ガバナンストークンの分散保有が欠かせなくなっているということが考えられます。

## (4)　貢献者に報いるコミュニティ

「パブリック型ブロックチェーン」の世界では，中央管理者に代わって目的とする機能を果たす役割を誰かが担う必要があり，たとえば，ビットコインにおける取引記録の検証をマイニングによって行い，検証者には対価としてビットコインが配布されます。

DEXにおいても，流動性供給者が流動性を提供することによって，コミュニティの本来の目的であるトークンの交換を円滑に行うことができ，利便性が高まることによって，利用者が集まるという好循環が生まれます。この流動性供給はボランティアではなく，流動性共有者に提供されるトークンを保有することで，トークン交換者が払う手数料を受け取ることができるという仕組みがインセンティブとなって流動性供給を促しています。

このように「貢献者」に報いる仕組みを持つことによってコミュニティが成立するようになっています。コミュニティが成功するほどガバナンストークンの価値が上がるという仕組みの中で互いの素性を知らない匿名の利用者が多数参加する「パブリック型ブロックチェーン」の世界で，同じ方向を目指すことができる仕組みを作り出しています。

また，技術者のほか，金融機能を提供する上で必要な流動性提供者等のDeFi機能に貢献する者に対する報酬も必要であり，DeFiが活性化するほど価格が上昇する傾向があるガバナンストークンを付与することでこうした貢献へのインセンティブを作り出すDeFiも多く，すべてのガバナンストークンを1人で保有し続けることもまた難しいという側面があります。

既存の金融機関は，これまで必要なリソースを内部に抱え込み，自前のリソースだけで金融サービスを提供することで対価として得た収益をすべて自社のものとするビジネスモデルでした。

これに対して，DeFiを含む「パブリック型ブロックチェーン」の世界では，必要なスキルや貢献する能力を持つ者を世界中から惹きつけることによって高い利便性を提供するサービスを生み出すことができます。これは，既存の金融機関が持つカルチャーとは大きく異なるのではないかと思います。

こうした報酬設計まで含めたスキームを適切に設定すれば，後発であっても先行するDeFiを上回る利便性の高い金融機能を提供し，利用者の獲得につながります。しかし，バランスが悪いと，反対の結果となることもあります。そして，既存の金融機関は概して，このような外部者を巻き込んでコミュニティを作り上げることに対して不慣れである傾向があります。

既存の金融機関は，DeFiを構築したとしても，このような課題を克服する大胆な組織風土の改革なくして，先行するDeFiを上回る競争力のあるDeFiを生み出すことは難しいと考えます。

## (5) どこまで組織運営を分散させるか

DeFiを運営するというのはDAOを運営するのとほぼ同義であり，従来の株式会社とは異なる自由と制約の中で，どのような組織および意思決定プロセスをデザインするのかということは，DeFiを立ち上げるにあたって提供する「金融機能」をどう設定するのかと同等かそれ以上に重要な論点となります。

そして，DeFiスキームを構築する上では，どこまでDAOによる組織運営を分散させるかという非常に重要な論点があります。

DeFiスキームが高い利便性を提供し続けるには，上述のようにDeFiスキームへの貢献者に対するインセンティブが必要不可欠です。

他方で，DAOによる意思決定プロセスへの参加者が増え，単独または少数での意思決定が難しい場合は，迅速な意思決定が難しくなりDeFiスキームの発展の障害となるおそれも出てきます。また，ガバナンストークンを分散保有すれば，おのずと創設時の大口保有者の保有比率は低下します。

前提として，DAOは必ずしも単独で意思決定できる者のいない分散型にしなければいけないわけではありません。DAOの立上げ当初から分散型にすることは難しく，中央集権的な状態から始まるのが一般的です。そこから最終的に分散型を目指すのか，分散型を目指さないのかで大きく２つに分けることができます。

中央集権型のDAOは，基本的に迅速な意思決定や将来を見据えたリスクテイクが容易になります。事業として一定の利用者基盤が必要なDeFi立上げ後すぐの時期では，中央集権型のほうが望ましいケースが多いと思われます。

他方，一定の利用者基盤が築かれ，収益が安定した段階では，分散型組織への移行が可能になってきます。分散型への移行のメリットとしては，貢献者に対するインセンティブを確保するなどが考えられます。

会社のような縛りのある集団の中で，必要なスキルを持つ人材や貢献者を抱えてその中でやりくりするのは，DeFiを成功に導く上ではあまり適切であるとは考えられず，出入り自由の緩いDAO組織で必要なスキルを持つ利害関係者を一体的に組織化し，コミュニティへの貢献者に報いつつ，全体の意識をDeFiの発展に統一する上では，DAOという形態をとり，ガバナンストークンを利害関係者や貢献者に配布する分散志向を強める必要があるかもしれません。

## (6)　DeFi周辺のビジネス

DeFi市場の拡大に合わせて展開するビジネスは，DeFiそのものを手掛けることだけとは限りません。DeFiが拡大することで周辺の「エコシステム」が変わり，そこに新たなビジネスが生まれます。

既存の金融エコシステムにおいて既存の金融機関がすでに提供してきた金融サービスが，DeFiの「エコシステム」ではDeFi自体が提供していない分野もあります。そうした分野は，「エコシステム」がDeFiにシフトする中で新たなサービス提供者が必要となり，かつ，既存の金融機関に一定の知見があるビジネス領域ということになります。

本業となっている金融サービスがDeFiによって置き換えられる既存の金融機関にとっては，DeFiそのものの立上げが難しいとしても，こうした周辺の「エコシステム」において，知見が生かせる分野が存在する可能性があり，そうした分野への進出については積極的に検討してもよいと考えられます。

たとえば，「スマートコントラクト」では，単純な業務の自動執行は可能ですが，個々の利用者のニーズを汲み取ってカスタマイズするといったことは現状できません。DeFiを利用するには自らの目的が明確であれば便利です。たとえば，どのトークンを供出してどのトークンを得ようとしているかが明確であれば，どのDeFiを使うのがよいかを判断することができます。しかしながら，DeFiは自分にあったトークンを探すことまではしてくれません。

また，「スマートコントラクト」から離れて，トークン発行の領域に機会を見出すことも考えられます。銀行であれば，ステーブルコインの発行は選択肢と考えられます。証券会社であればトークンの発行支援なども考えられます。資産運用会社であれば，個別に多様なトークンで構成されるポートフォリオをカスタマイズして利用者に提供することも考えられます。

また，ライトユーザーほど，DeFiやDAOに係るすべての操作を自分で実行することは面倒だと感じる可能性があり，資産を預かって顧客ニーズを踏まえながらトークンの売買を行うことも考えられます。

いずれにしても，DeFiは，既存の金融機関が提供する金融サービスを置き換える一方で，DeFiやそれを含むWeb3.0領域，またはそれら周辺の「エコシステム」において新たなビジネスを生み出すきっかけにもなります。そうしてビジネス機会をどう捉えるかは，金融機関だけではなく，多くの事業者に突きつけられた問いであるといえます。

第3章

# DeFiと法律

# 1 DeFiのトラストポイントと金融規制

## (1) DeFiの定義

Decentralized Finance（分散型金融，以下「DeFi」といいます）とは，日本法上，明確に定義されている用語ではありませんが，金融安定理事会（Financial Stability Board，FSB）によれば，ブロックチェーンのような「金融サービス提供における，１つ以上の仲介者や中央集権化されたプロセスの必要性を低減または排除する可能性のある技術」を活用した金融システムのことを指すとされています。すなわち，DeFiとは，トランザクションに係る記録を偽造や改ざんが極めて困難な形で記録・保管し，複数の当事者間で共有する技術であるブロックチェーンの性質を活かすことで，金融機関等の仲介者の関与なく，分散的に金融機能を提供するサービスの総称であるといえます。

ここで「分散」が指し示す意味は複数ありえ，ガバナンストークン(1)の活用等の文脈において，プロジェクトに関する意思決定の分散について論じられることがあります。この文脈においては，後記**5**のとおり，証券監督者国際機構（International Organization of Securities Commissions，IOSCO）が2022年３月24日に公表した報告書「分散型金融（DeFi）についての報告書」（原題：IOSCO DECENTRALIZED FINANCE REPORT，以下「IOSCO報告書」といいます）(2)や，FSBが2022年２月16日に公表した報告書「暗号資産の金融安定に対するリスクの評

---

(1) ガバナンストークンの厳密な定義は存在しませんが，一般には，コミュニティの意思決定に係る投票権（議決権）が付与されたトークンのことを指す，とされています（株式会社クニエ「分散型金融システムのトラストチェーンにおける技術リスクに関する研究　研究結果報告書」(2022年６月，以下「クニエ・分散型金融システム報告書」といいます）13頁参照)。

(2) OR01/2022 IOSCO Decentralized Finance Report

価」（原題：Assessment of Risks to Financial Stability from Crypto-assets，以下「FSB報告書」といいます）[3]のように，一部の関係者が中央集権的な意思決定を行っていることなどをもって，DeFiと呼称していても実際には分散していない，との評価が示されることもあります。

## ⑵　金融庁「デジタル・分散型金融への対応のあり方等に関する研究会」における議論

日本においても，DeFiと呼称していても本当にプロジェクトに関する意思決定の分散が実現されているのか，検討が進められています。具体的には，2022年６月20日に開催された金融庁「デジタル・分散型金融への対応のあり方等に関する研究会（第６回）」に提出された「事務局説明資料（DeFiのトラストポイントに関する分析）」[4]によれば，利用者等が無条件にトラストせざるを得ない中央集権的要素を「トラストポイント」と定義した上で，現状のDeFiプロジェクトには，開発チーム（法人），管理権限保有者，関連法人，ユーザーインターフェース提供者，大口ガバナンストークンホルダー，ウォレット提供者，コード監査会社，インフラ提供者，ライブラリ提供者，双方向ブリッジ管理者など様々なトラストポイントが存在することが指摘されています。

たとえば，DeFiのうち，暗号資産交換業者のように中央集権の管理者が存在しない，トークンの売買等を行う分散型の取引所である分散型取引所（Decentralized Exchange，以下「DEX」といいます）の代表的な存在であるUniswapについても，**図表３－１**のとおり複数のトラストポイントが存在しうることが指摘されています。そして，**図表３－１**の説明資料によれば，金融庁は，このようなトラストポイントを規制対象（規制の名宛人）として捉えていくアプローチについても議論の対象としています。他方で，トラストポイントが特定できた場合でも，なお規制の執行は困難である可能性や，たとえば「ガバナンストークン」という同一の呼称が用いられていても，プロジェクトによってその内容に大きな違いが存在することも指摘されています。

---

(3)　Assessment of Risks to Financial Stability from Crypto-assets (fsb.org)

(4)　https://www.fsa.go.jp/singi/digital/siryou/20220620/jimukyoku2.pdf

図表3－1　Uniswapにおける主なトラストポイント

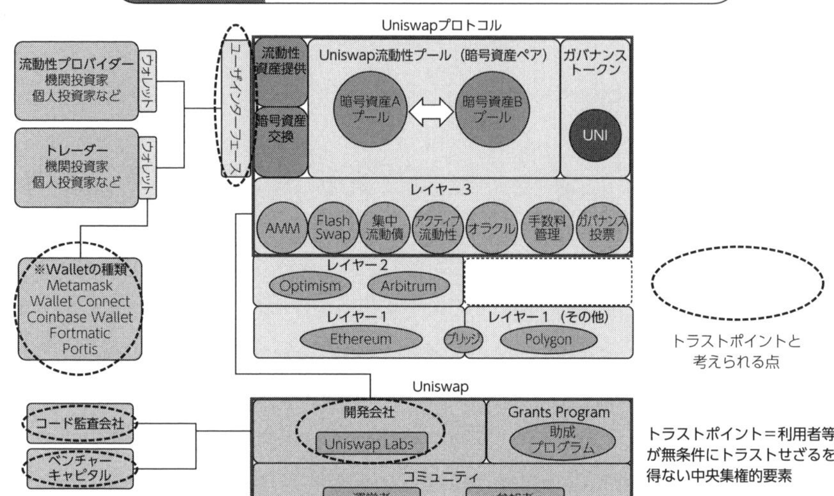


（出所）　金融庁「デジタル・分散型金融への対応のあり方等に関する研究会」（第６回）資料３「事務局説明資料（DeFiのトラストポイントに関する分析）」３頁参照

## (3)　DeFiと金融規制

以上のとおり，DeFiに様々なトラストポイントが存在することは金融庁の指摘のとおりと考えられます。もっとも，DeFiのトラストポイントが既存金融に係る法規制の適用を受けるか否かは，これらのトラストポイントが担っている機能等が，既存金融に係る法規制が規制対象とする「契約」に基づく取引といえるか，「契約」に該当するとしてもこれらの法規制の定める要件に該当するか，を個別具体的に検討する必要があると考えられます。

すなわち，既存金融に係る法規制は，特定の当事者間での「契約」に基づく取引またはその媒介行為を規制対象としています。そして，「契約」とは，一般に「債権の発生を目的とする合意」をいうとされており，契約は，「申込み」の意思表示に対して相手方が「承諾」をした時に成立します（民法522条）。しかしながら，DeFiにおいては，DeFiの開発者等はプロトコルを提供しているのみであり，DeFiの利用者は当該DeFiにおいて用いられている共通のプロトコルを利用しているとの認識はあるものの，他の不特定多数の利用者に対してトークンの交換契約の「申込み」の意思表示ないし特定の利用者に対する「承諾」の意思表示を観念することが困難な場合もあると考えられます。

そのため，DeFiで行われる取引に関して，「債権の発生を目的とする合意」は存在せず，「契約」が成立していない場合もあると考えられます。また，仮に契約が成立している場合であっても，DeFiの開発者等が当該契約の成立を「媒介」しているといえるかについては，別途検討が必要となります。したがって，仮に上記1(2)のようにDeFiにおけるトラストポイントが存在するとしても，DeFiの利用者間で契約が成立していないまたは媒介行為が存在しないのであれば，契約に基づく取引またはその媒介行為を対象とする既存金融に係る法規制は適用されないのではないかとも思われます。

これに対して，DeFiと称していても，プロトコルの外側で契約が成立しており，その履行および取引結果の記録をブロックチェーン上で行うような場合はこの限りではありません。その場合であっても，当該DeFiのトラストポイントが既存金融に係る法規制の対象となるか否かは，当該法規制の定める要件に該当するか，個別具体的に検討する必要があると考えられます。たとえば，利用者間で暗号資産に該当するトークンの交換契約の成立が観念できるDEXにおいて，当該DEXのウォレット機能を提供するトラストポイントであれば，当該ウォレット機能を提供する行為が，「他人のために暗号資産の管理をすること」（資金決済法2条7項4号）に該当するか，個別具体的に当てはめて判断する必要があると考えられます。

以下では，DeFiのトラストポイントに対して既存金融に係る法規制が適用されうることを前提として，DeFiで取り扱うトークンの金融規制上の法的分類について整理し，DEXなどの代表的なDeFiに対して適用されうる個別の金融規制について概説します。あわせて，DeFiに対するAML/CFT，海外でのDeFiの議論についても紹介するとともに，ゲームとDeFiが融合した新しいビジネスであるGameFiに関する法規制，ガバナンストークン保有者による意思決定を行う分散型組織形態であるDAOに関する法規制についても整理します。

# 2 トークンと金融規制上の分類

## (1) トークンの金融規制上の分類

DeFiにおいては，トークンを取り扱った様々な金融機能を有する分散型アプリ（以下「DApps」といいます）を通じて金融サービスが提供されます。そのため，DeFiにおいて問題となる金融規制は，トークンの金融規制上の分類と密接に関連することとなります。そこで，本項では，DeFiにおいて取引対象となるトークンの金融規制上の分類について整理します。

### ① トークンの金融規制上の分類に関する視点

ブロックチェーン上で生成・発行されるトークンは，法律で明確な定義が定まっているものではありません。また，トークンと一口に言ってもその機能や用途は様々であり，主に支払に使用されることが想定されているものもあれば，株式や社債，ファンド持分などに関する権利を表章するものもあります。

このように，トークンの金融規制上の分類は個別の機能等によって異なりますが，これらのトークンの金融規制上の位置付けの概要を整理したものが以下の**図表3－2**です。

なお，**図表3－2**に記載した金融規制はあくまで典型的なケースを整理したものにとどまり，また，金融規制以外に，別途，消費者保護法の適用を受ける場合があることにご留意ください。

そして，トークンの金融規制上の位置付けを分類する際の主な視点については**図表3－3**のとおりです。

図表3－2　トークンの金融規制上の分類

※必ずしも常に金融規制の対象外となるとは限りません。
(注) すべての法規制との関係性を正確に示したものではありません。

図表3－3　トークンの金融規制上の分類に係る視点

| |
|---|
| (i)　トークン保有者に対する利益分配の有無 |
| (ii)　対価発行の有無：有償／無償いずれで発行されるか |
| (iii)　通貨建資産・電子決済手段に該当するか |
| (iv)　不特定の者に対して使用できるか／不特定の者と売買・交換ができるか |
| (v)　金銭への払戻しが可能か |

上記の視点に基づきトークンの金融規制上の分類を行う場合，以下の**図表3－4**のように整理することができます。

以下，それぞれの金融規制上の分類に係る定義等について概観します。なお，金融のデジタル化等に対応し，安定的かつ効率的な資金決済制度を構築する必要から，資金決済法，銀行法，犯罪による収益の移転防止に関する法律（以下「犯収法」といいます）等の改正を内容とする「安定的かつ効率的な資金決済制度の構築を図るための資金決済に関する法律等の一部を改正する法律」が2022年

図表3－4　トークンの金融規制上の分類フローチャート

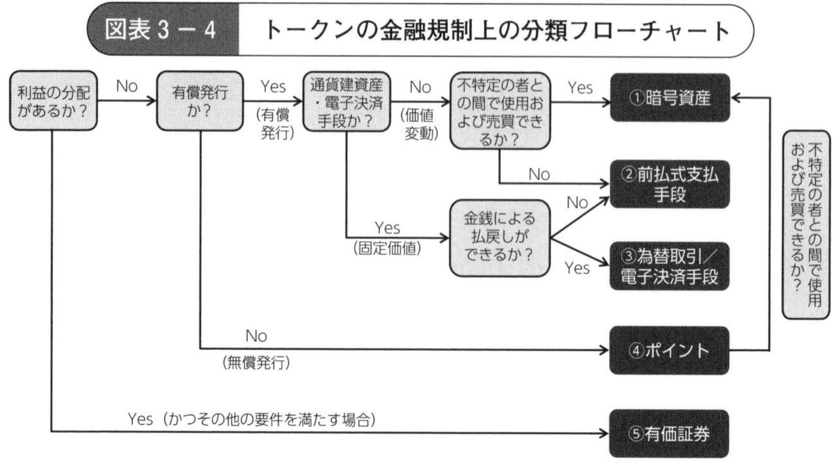


（注）　一般的な法的分類のプロセスを示したものにとどまり，個別のケースにおいて必ずしも当てはまるものではありません。

６月３日に成立し，同月10日に公布されました（以下「改正法」といい，改正法によって改正される資金決済法を「改正資金決済法」，銀行法を「改正銀行法」，犯収法を「改正犯収法」といいます）。

改正法の施行日は公布から１年以内とされており，例年どおり通常国会の会期内に成立すれば，2023年前半に施行されることが予想されます。本項においては，特に断りがない限り，改正法に基づき，各金融規制上の分類について整理します。

## (2)　暗号資産

### ①　定　義

暗号資産とは，(i)物品等・役務提供の代価の弁済として不特定の者に対して使用でき，かつ不特定の者との間で購入・売却をすることができるものであって，(ii)電子的に記録された財産的価値で，電子情報処理組織を用いて移転することができ，(iii)本邦通貨および外国通貨，通貨建資産ならびに電子決済手段（通貨建資産に該当するものを除きます）に該当しないもの（以下「１号暗号資産」といいます）または１号暗号資産と相互に交換を行うことができるもの（以下「２号

図表３－５　暗号資産の要件

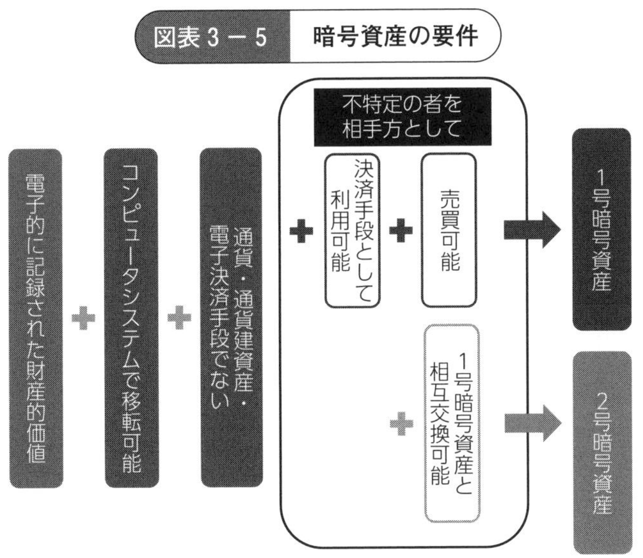


暗号資産」といいます）をいいます（改正資金決済法２条14項）。

改正資金決済法において，改正前資金決済法における暗号資産の定義の内容に実質的な変更はありませんが，暗号資産の定義から，通貨または通貨建資産だけでなく，改正資金決済法において新設される電子決済手段（電子決済手段の詳細は(4)②を参照）が除外されることが明記されています（上記要件(iii)）。また，暗号資産は「ブロックチェーン等のネットワークを通じて不特定の者の間で移転可能な仕組みを有している」ことが多く，不特定の者に対して決済手段として使用したり，不特定の者との間で取引の対象となったりすることが想定される（上記要件(i)および(ii)）ことから，発行者や加盟店など「特定の者」に対してのみ使用することが想定されている，Suicaやnanaco等の電子マネーに代表される前払式支払手段にも該当しません。

なお，暗号資産の定義から除外されている「通貨建資産」とは，本邦通貨もしくは外国通貨をもって表示され，または本邦通貨もしくは外国通貨をもって債務の履行，払戻しその他これらに準ずるものが行われることとされている資産をいいます（改正資金決済法２条７項）。たとえば，Suicaやnanaco等の電子マネーは日本円をチャージして使うもので，その単位は「円」になります。このような電子マネーは円建資産として「通貨建資産」に該当するため，この点からも暗号資産とは異なることとなります。

#### ② 業規制

暗号資産交換業とは，次に掲げる行為のいずれかを業として行うことをいいます（改正資金決済法２条15項）。

| |
|---|
| (i) 暗号資産の売買または他の暗号資産との交換（同項１号）<br>(ii) (i)に掲げる行為の媒介，取次または代理（(i)および(ii)に掲げる行為を，以下「暗号資産の交換等」といいます）（同項２号）<br>(iii) (i)または(ii)に掲げる行為に関して，利用者の金銭の管理をすること（同項３号）<br>(iv) 他人のために暗号資産の管理をすること（当該管理を業として行うことにつき他の法律に特別の規定のある場合を除きます）（以下「暗号資産の管理」といいます）（同項４号） |

事業者の業務が暗号資産交換業に該当する場合には，当該業務を実施するにあたって，資金決済法に基づき暗号資産交換業者としての登録を受ける必要があります（改正資金決済法63条の２）。

暗号資産交換業者は，資金決済法に基づき，利用者財産の分別管理義務，利用者への情報提供義務，利用者保護を図るための措置，禁止行為，勧誘・広告規制等の規制に服します。

### (3) 前払式支払手段

#### ① 定 義

前払式支払手段とは，(i)金額等の財産的価値が記載または記録され（価値情報の保存），(ii)金額または数量等に応ずる対価を得て発行される証票等，番号，記号その他の符号であり（対価発行），(iii)発行者または発行者の指定する者に対する対価の弁済等に使用することができるもの（権利行使）をいいます（資金決済法3条1項各号)。

暗号資産と前払式支払手段は，いずれも物品等・役務提供の代価の支払に使用することができる点で共通します。もっとも，暗号資産は「不特定の者」に対して使用することができるのに対し，前払式支払手段は，発行者や加盟店等の「特定の者」に対してしか使用することができないという点で異なります。また，暗号資産の定義からは通貨建資産が除かれるのに対し，前払式支払手段は，通常，通貨建資産に該当する点で異なります。

為替取引の手段に該当するトークンと前払式支払手段に該当するトークンは，いずれもあたかも通貨のように使用することができる点で共通するものの，為替取引の手段に該当するトークンは金銭による払戻しが可能である一方，前払式支払手段に該当するトークンは原則として金銭による払戻しが禁止されている（資金決済法20条）点で異なります。

### ②　業規制

前払式支払手段の発行者または当該発行者と密接な関係を有する者から物品の購入やサービスの提供を受ける場合に限り，これらの対価の支払のために使用できる前払式支払手段は，自家型前払式支払手段に該当します（資金決済法3条4項)。自家型前払式支払手段のみを発行する場合には，発行している前払式支払手段の未使用残高（前払式支払手段の総発行額から総回収額を控除した額)（資金決済法3条2項，前払式支払手段に関する内閣府令4条）が3月末あるいは9月末において，1,000万円を超えたときは，自家型前払式支払手段発行者としての届出を行う必要があります（資金決済法5条1項・14条1項，資金決済法施行令6条)。

一方で，前払式支払手段の発行者または当該発行者と密接な関係を有する者以外の第三者から物品の購入やサービスの提供を受ける場合にも，これらの対価の支払のために使用できる前払式支払手段は，第三者型前払式支払手段に該当します（資金決済法3条5項)。第三者型前払式支払手段を発行する場合には，第三者型発行者としての登録が必要となります（資金決済法7条)。

前払式支払手段発行者としての届出または登録を行った業者は，資金決済法に基づき，発行保証金の供託義務，利用者への情報提供義務，情報の安全管理等の規制の対象となります。

### ③　高額電子移転可能型前払式支払手段

改正資金決済法は，第三者型前払式支払手段のうち，電子的な譲渡または移転が可能なものであって，アカウントのチャージ可能額の上限額が高額または上限設定がない等の一定の要件を満たすものを，新たに「高額電子移転可能型前払式支払手段」と定義付けています。ここで，現行の犯収法は，マネー・ローンダリング等のリスクを低減するため，暗号資産交換業者や資金移動業者を含む金融機関等を対象とする特定事業者に対して，特定取引を行う際の顧客の本人確認義務や疑わしい取引の届出義務等を課しています（詳細については後記**4**参照）。

この点，前払式支払手段は，現行の資金決済法上，原則として払戻しが認められておらず，マネー・ローンダリング等に係るリスクは相対的に限定されているとの考え方から，現行の犯収法では，前払式支払手段の発行者は特定事業者に含まれておらず，犯収法上の適用対象外とされています。もっとも，電子的な譲渡・移転が可能な前払式支払手段については，反復継続して電子的な譲渡・移転が行われれば，マネー・ローンダリング等に悪用されるリスクが特に高くなるとの考え方に基づき，改正犯収法では，高額電子移転可能型前払式支払手段の発行者が新たに特定事業者に含まれ，その規制に服することとなります。

高額電子移転可能型前払式支払手段とは，(i)第三者型前払式支払手段のうち，(ii)その未使用残高が前払式支払手段記録口座に記録され，(iii)電子情報処理組織を用いて移転をすることができるものであって，(iv)前払式支払手段の利用者の保護に欠け，または前払式支払手段の発行の業務の健全かつ適切な運営に支障を及ぼすおそれがあるものとして内閣府令で定める要件を満たすもの（以下「1号高額電子移転可能型前払式支払手段」といいます）と定義され，1号高額電子移転可能型前払式支払手段に準じるものとして内閣府令で定めるものも含まれます（改正資金決済法3条8項）。

また，上記要件(ii)の前払式支払手段記録口座とは，❶前払式支払手段発行者が自ら発行した前払式支払手段ごとにその内容の記録を行う口座（すなわち，ウォレット等のアカウント）のうち，❷当該口座に記録される未使用残高の上限額が内閣府令で定める金額を超え，さらに，❸内閣府令で定める要件を満たすものと定義されています（改正資金決済法３条９項）。

また，高額電子移転可能型前払式支払手段の発行者は，改正犯収法上の特定事業者としてのその適用を受けるだけでなく，改正資金決済法に基づき，下記の事項を記載した業務実施計画の届出義務等が課されることとなります（改正資金決済法11条の２第１項）。

- 当該高額電子移転可能型前払式支払手段に係る前払式支払手段記録口座に記録される未使用残高の上限額を定める場合にあっては，当該上限額
- 当該高額電子移転可能型前払式支払手段の発行の業務を行うために使用する電子情報処理組織の管理の方法
- その他高額電子移転可能型前払式支払手段の利用者の保護を図り，および高額電子移転可能型前払式支払手段の発行の業務の健全かつ適切な運営を確保するために必要な事項として内閣府令で定める事項

## (4)　デジタルマネー類似型ステーブルコイン

### ①　デジタルマネー類似型ステーブルコインの意義

いわゆるステーブルコインについて明確な定義は存在しませんが，一般的には，特定の資産と関連して価値の安定を目的とするデジタルアセットで分散台帳技術（またはこれと類似の技術）を用いるものをいうと考えられています。ステーブルコインは，その価値の裏付けとなっている担保資産の有無および価格安定メカニズムの観点から，いくつかの類型に分類することが可能であり，その類型によって適用される法令が異なります。

そのうち，デジタルマネー類似型ステーブルコインは，法定通貨の価値と連動した価格（例：１コイン＝１円）で発行され，ステーブルコインの保有者に対して，発行価格と同額で法定通貨の払戻しを約するものを意味します。デジタルマネー類似型ステーブルコインの例としては，USDT（テザー）やUSDC（USD

コイン）などが挙げられます。

### ② 電子決済手段の定義

改正資金決済法では，デジタルマネー類似型ステーブルコインに対応するものとして，「電子決済手段」という概念を導入しました。電子決済手段は，改正資金決済法２条５項において，下記のとおり定義されています。

(i) 物品等を購入し，もしくは借り受け，または役務の提供を受ける場合に，これらの代価の弁済のために不特定の者に対して使用することができ，かつ，不特定の者を相手方として購入および売却を行うことができる財産的価値（電子機器その他の物に電子的方法により記録されている通貨建資産に限り，有価証券，電子記録債権，前払式支払手段その他これらに類するものとして内閣府令で定めるもの（流通性その他の事情を勘案して内閣府令で定めるものを除く）を除く）((ii)において同じ）であって，電子情報処理組織を用いて移転することができるもの（以下「**１号電子決済手段**」といいます）

(ii) 不特定の者を相手方として(i)に掲げるものと相互に交換を行うことができる財産的価値であって，電子情報処理組織を用いて移転することができるもの（以下「**２号電子決済手段**」といいます）

(iii) 特定信託受益権（電子的に記録・移転される信託受益権であって，受託者が信託財産たる金銭の全額を預貯金により管理するものであること等の内閣府令で定める要件を満たすもの）（以下「**３号電子決済手段**」といいます）

(iv) (i)から(iii)に掲げるものに準ずるものとして内閣府令で定めるもの（以下「**４号電子決済手段**」といいます）

１号電子決済手段の定義は，暗号資産の定義（改正資金決済法２条14項１号，上記(2)①参照）と類似していますが，通貨建資産であることが求められている点で異なります。また，通貨建資産に該当するとしても，有価証券，電子記録債権，前払式支払手段およびこれらに類するものとして内閣府令で定めるものについては，原則として，１号電子決済手段の定義から除外されます。もっとも，

図表3－6　電子決済手段の類型

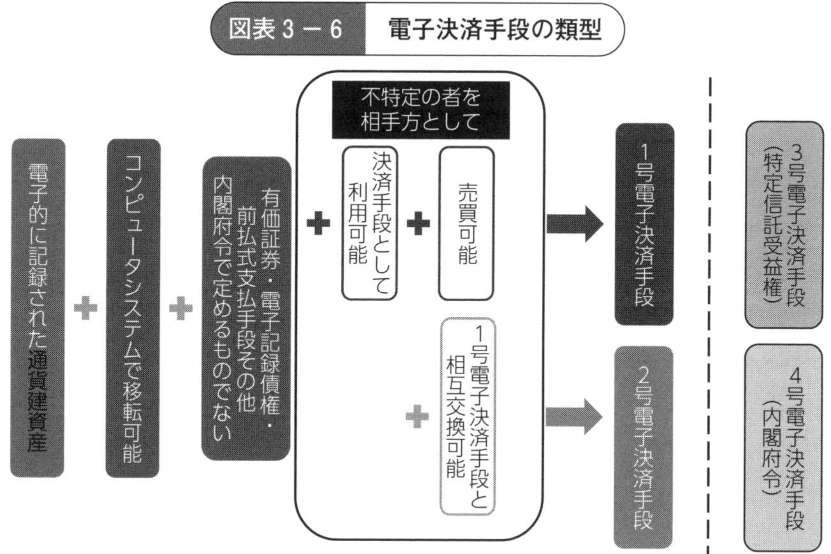


例外的に，「流通性その他の事情を勘案して内閣府令で定めるもの」については，１号電子決済手段から除外されないこととなります。

２号電子決済手段の定義も暗号資産の定義（改正資金決済法２条14項２号）と類似しており，不特定の者を相手方として１号電子決済手段と相互に交換可能なトークンが２号電子決済手段に該当します。なお，２号電子決済手段に該当するためには，通貨建資産である財産的価値であることが必要であり，１号電子決済手段との交換が可能な暗号資産はこれに該当しないこととなります。

４号電子決済手段の定義の内容については内閣府令に委任されています。

### ③　電子決済手段の発行者に対する規制（為替取引の定義）

銀行法は，「為替取引」を営業として行うことを「銀行業」の一類型として定めており（銀行法２条２項２号），また，資金決済法は，銀行等以外の者が「為替取引」を業として行うことを「資金移動業」として定義しています（資金決済法２条２項）。銀行法や資金決済法，その他の法令においても「為替取引」は定義されていませんが，最高裁判所は，「為替取引」の意義について，「顧客から，隔地者間で直接現金を輸送せずに資金を移動する仕組みを利用して資金を移動することを内容とする依頼を受けて，これを引き受けること，またはこれを引き受けて遂行することをいう」と判示しています（最決平成13年３月12日刑集55巻２号97頁）。

この点について，１号電子決済手段または２号電子決済手段に該当するようなデジタルマネー類似型ステーブルコインは自由に譲渡でき，かつ，発行者がステーブルコインの金銭への払戻しを約していることから，当該デジタルマネー類似型ステーブルコインを利用して，隔地者間で直接現金を輸送せずに資金を移動する仕組みを構築することが可能となります。したがって，このようなデジタルマネー類似型ステーブルコインを用いた金銭の移動を行うことは，為替取引に該当すると考えられます。デジタルマネー類似型ステーブルコインを用いた資金の移動が為替取引に該当する場合には，これを業として発行・償還する行為は，銀行業または資金移動業に該当するため，銀行業免許または資金移動業者としての登録を取得する必要があります。

改正法においては，特定信託受益権（３号電子決済手段）も電子決済手段として位置付けられ，信託会社も発行者となることができるよう改正されました。すなわち，特定信託受益権の発行による為替取引を「特定信託為替取引」（改正資金決済法２条28項）と定義した上で，資金移動業のうち特定信託為替取引のみを業として営むことを「特定資金移動業」（改正資金決済法36条の２第４項）と定義しています。そして，所定の要件を充足する信託会社は，資金移動業を行うために必要な登録を要せず，届出を行うことで特定資金移動業，つまり，３号電子決済手段である特定信託受益権の発行業務を行うことができるようになります（改正資金決済法37条の２第１項，３項）。

### ④　電子決済手段の仲介者に対する規制

電子決済手段に該当するデジタルマネー類似型ステーブルコインの発行体以外の業者が利用者からステーブルコインの預託を受けて管理し，当該利用者と他の利用者の間のステーブルコインの移転を行うものについては，当該業者は金銭の払戻しを行うものではなく，当該業者の関与が為替取引に該当するか否かが明確ではありませんでした。

そこで，改正法は，電子決済手段の発行者と利用者との間に立ち，電子決済手段の転々流通に関与する行為を「電子決済手段等取引業」（改正資金決済法２条10項）または「電子決済等取扱業」（改正銀行法２条17項）と定義付け，このような行為に新たに規制を課すこととしています。

### ⑤　電子決済手段等取引業の定義

改正資金決済法上，「電子決済手段等取引業」として規制される行為は，以下のとおりです（改正資金決済法２条10項）。

(i)　電子決済手段の売買または他の電子決済手段との交換
(ii)　(i)に掲げる行為の媒介，取次ぎまたは代理
(iii)　他人のために電子決済手段の管理をすること（その内容等を勘案し，利用者の保護に欠けるおそれが少ないものとして内閣府令で定めるものを除きます）
(iv)　資金移動業者の委託を受けて，当該資金移動業者に代わって利用者（当該資金移動業者との間で為替取引を継続的にまたは反復して行うことを内容とする契約を締結している者に限ります）との間で次に掲げる事項のいずれかを電子情報処理組織を使用する方法により行うことについて合意をし，かつ，当該合意に基づき為替取引に関する債務に係る債権の額を増加させ，または減少させること
　イ　当該契約に基づき資金を移動させ，当該資金の額に相当する為替取引に関する債務に係る債権の額を減少させること
　ロ　為替取引により受け取った資金の額に相当する為替取引に関する債務に係る債権の額を増加させること

このうち，(i)から(iii)は，暗号資産交換業の定義（改正資金決済法２条15項）における１号，２号，４号に対応するものです。他方，(iv)は，電子決済手段等取引業に特有の行為類型として規定されています。電子決済手段等取引業者が，資金移動業者との契約関係に基づいてその代理権を有していることを前提に，利用者との間で，利用者アカウント間で資金の移動を行うことを合意し，その結果として生ずる資金移動業者との関係での未達債務の増減の効果を当該代理権に基づいて生じさせるものとして規定されています。

### ⑥ 電子決済等取扱業の定義

改正銀行法上,「電子決済等取扱業」として規制される行為は,以下のとおりです(改正銀行法2条17項)。

> (i) 銀行の委託を受けて,当該銀行に代わって当該銀行に預金の口座を開設している預金者との間で次に掲げる事項のいずれかを電子情報処理組織を使用する方法により行うことについて合意をし,かつ,当該合意に基づき預金契約に基づく債権((i)において「預金債権」といいます)の額を増加させ,または減少させること。
>
> イ 当該口座に係る資金を移動させ,当該資金の額に相当する預金債権の額を減少させること
>
> ロ 為替取引により受け取った資金の額に相当する預金債権の額を増加させること
>
> (ii) その行う(i)に掲げる行為に関して,(i)の委託銀行のために預金の受入れを内容とする契約の締結の媒介を行うこと

(i)の行為は,基本的な建付けは,上記の改正資金決済法2条10項4号とパラレルになっています。すなわち,電子決済等取扱業者が,銀行との契約関係に基づいてその代理権を有していることを前提に,利用者との間で,他の利用者に資金の移動を行うことを合意し,その結果として生ずる銀行との関係での預金債権の増減の効果を当該代理権に基づいて生じさせるものとして規定されています。

### ⑦ 電子決済手段等取引業または電子決済等取扱業の業規制

電子決済手段等取引業または電子決済等取扱業を営む場合には,登録を受ける必要があります(改正資金決済法62条の3,改正銀行法52条の60の3)。

また,電子決済手段等取引業者として登録を受けた業者は,改正資金決済法に基づき,情報の安全管理義務,委託先管理義務,利用者保護義務等の規制の対象となります。電子決済等取扱業者として登録を受けた業者は,改正銀行法に基づき,業務の健全かつ適切な運営を確保するための措置を講じる義務,委託銀行との契約締結義務,虚偽告知または断定的判断の提供等の禁止といった

規制の対象となります。

## ⑸　有価証券（電子記録移転権利）

### ①　定　義

金商法上，２条１項では紙である証券が発行される有価証券が定められており，同条２項では，通常，証券が発行されない有価証券が定められています。そして，2019年５月31日に成立し，2020年５月１日に施行された「情報通信技術の進展に伴う金融取引の多様化に対応するための資金決済に関する法律等の一部を改正する法律」に基づく金融商品取引法に係る改正法（以下，単に「金商法」といいます）により，「電子記録移転権利」という概念が導入され，従来から定められていた有価証券に表示される権利をブロックチェーン上で発行されるトークンに表示したデジタル証券の一部について，追加的な規制が導入されました（金商法２条３項柱書）。

電子記録移転権利とは，金商法２条２項各号に掲げる権利（いわゆるみなし有価証券）のうち「電子情報処理組織を用いて移転することができる財産的価値（電子機器その他の物に電子的方法により記録されるものに限る。）に表示される」ものと定義されていますが，「流通性その他の事情を勘案して内閣府令で定めるもの」は除外されており（金商法２条３項柱書），従来どおり，２項有価証券として取り扱われます。

金商法上，電子記録移転権利に該当する場合は，原則として開示規制の適用を受けない２項有価証券ではなく，より厳格な開示規制および業規制が適用される１項有価証券として取り扱われることとなります（同項柱書）。これは，電子記録移転権利がトークン化されることに伴い，事実上，一般に高い流通性を有するという性質に注目し，同様に高い流通性を有する１項有価証券と同水準の開示規制を課すこととしたものと考えられます。これに対して，株券や社債券といった従来の１項有価証券をトークンに表示させたものについては，基本的にはトークンに表示していない，通常の１項有価証券と同様の開示規制が適用されます。

### ② 開示規制

電子記録移転権利が１項有価証券として扱われ，開示規制の適用対象とされることにより（金商法３条３号ロ），電子記録移転権利の発行者には，下記の(i)，(ii)いずれかの「募集」の要件に該当する場合は，原則として発行開示が必要となります。

〈募集の要件〉

| |
|---|
| (i) 50名以上の者（適格機関投資家私募の要件を満たした有価証券を取得する適格機関投資家を除きます）を相手方として有価証券の取得勧誘を行う場合<br>(ii) (i)の場合のほか，適格機関投資家私募，特定投資家私募および少人数私募のいずれにも該当しない場合 |

「募集」に該当する場合，電子記録移転権利の発行者は，その発行にあたり，有価証券届出書を提出し（金商法４条１項，５条１項），目論見書を作成することが義務付けられ（金商法13条１項），電子記録移転権利を募集または売出しにより取得させ，または売り付ける者は，あらかじめまたは同時に目論見書を交付しなければなりません（金商法15条２項）。以上の電子記録移転権利の募集に係る発行開示規制等の概要については，以下の**図表３－７**のとおりです。

なお，電子記録移転権利の発行・募集を私募[(5)]により実施した等の事情により，電子記録移転権利の募集につき有価証券届出書を提出しなかった発行者であっても，その後いずれかの事業年度末日における電子記録移転権利の所有者の数が政令で定める数以上となった場合には，少なくともその事業年度を含めて５年間は有価証券報告書および半期報告書を提出する義務が生ずることに注意が必要です（金商法24条１項４号）。

(5) 私募とは，取得勧誘であって有価証券の募集に該当しないものをいい，具体的には，①50人未満の投資家を対象とする場合（少人数私募），②一定の要件を満たして特定投資家のみを相手方として行うもの，③適格機関投資家のみを相手方として行うもののいずれかを指します。

図表３－７　電子記録移転権利の「募集」に係る開示規制等

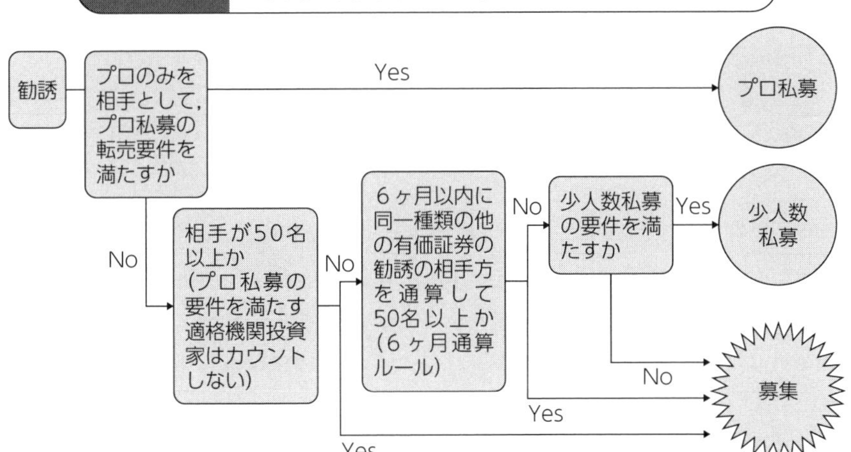


（出所）　河合健・高松志直・田中貴一・三宅章仁編著『暗号資産・デジタル証券法』（商事法務，2020年）

### ③　業規制

１項有価証券である電子記録移転権利の売買や募集の取扱い等を行うにあたっては，第１種金融商品取引業者としての登録が必要となります（金商法29条，28条１項１号）。また，すでに登録を受けている金融商品取引業者が，新たに電子記録移転権利を取り扱おうとする場合には，変更登録を受ける必要があります（金商法31条４項）。

金融商品取引業者は，金商法に基づき，顧客への情報提供義務（契約締結前交付書面の交付義務等），勧誘・広告規制，禁止行為，適合性原則，顧客財産の分別管理義務，適切な体制整備義務等の規制に服することとなります。

# 3 DeFiと金融規制

上記2のとおり，DeFiにおいては，トークンを取り扱った様々な金融機能を有するDAppsを通じて金融サービスが提供されますが，本項では，DEX，トークンレンディングプラットフォーム，およびアグリゲーターなどの代表的なDeFiに対して適用されうる個別の金融規制について概説します。

## (1) DEXと法規制

DEXとは，暗号資産交換業者のように中央集権の管理者が存在しない，トークンの売買等を行う分散型の取引所をいいます。中央集権型の取引所と異なり，DEXにおいては，利用者が自らトークンの秘密鍵を管理することが通常です。以下では，代表的なDEXであるUniswapを例として，ガバナンストークンであるUNIトークンの法的性質およびその代表的な機能であるAMM（後記にて定義します）によるトークンの交換が暗号資産交換業に該当するか，について概説します。

### ① Uniswapの概要

**第1章2**(4)のとおり，Uniswapは，オーダーブック型のDEXではなく，不特定多数の参加者が，交換されるトークンのペアを「流動性プール」と称されるコントラクトアドレスに対して送付することで，流動性を創出します。Uniswapの特徴は，交換価格の決定方式であり，流動性プールに提供されているERC20トークンと他のERC20トークンの残高の積が一定値となるように自動的に価格が決定される，自動マーケットメイカー（Automated Market Maker，以下「AMM」といいます）の仕組みが採用されています。Uniswap V2を例にとると，以下のとおりです。

**図表3－8　Uniswapの仕組み**

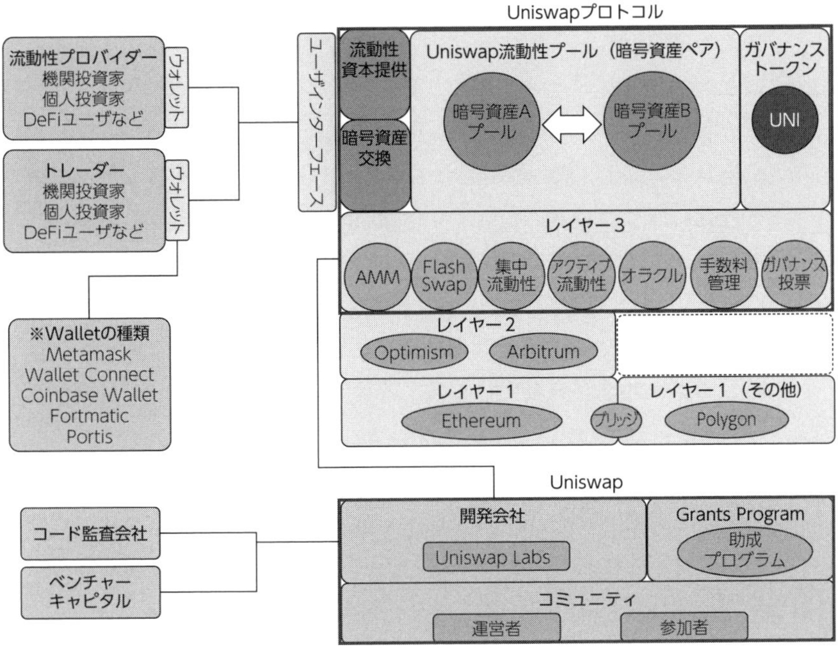

（出所）　クニエ・分散型金融システム報告書34頁参照

(i)　Uniswap V2においては，トークンのペアごとに作られる流動性プールが存在し，当該流動性プールへの流動性の提供は，トークンのペア，たとえば，ETHと同価値のERC20トークンを当該プールに入れる方法により行うことができます。

(ii)　前記(i)の流動性の提供は，対応するウォレットにトークンペアを保有している者であれば，誰でも行うことができます（当該流動性の提供者（Liquidity Provider）を，以下「LP」といいます）。それゆえ，DEXにおいては，不特定多数の者がLPとして流動性を供給しています。LPは，流動性を供給したトークンペアの数量が流動性プール全体に占める割合に応じた持分を表章するトークン（プールトークン）を得ます。なお，当該プールトークン自体も取引可能です。

(iii) DEXのユーザーは，スマートコントラクトであらかじめ決められている所定の手数料を支払うことで，後記(iv)記載の交換レートにより，自己の保有するトークンと，流動性プール内のトークンを，交換することができます。ユーザーはLPである必要はなく，対応するウォレットを利用していれば誰でもDEXを利用することができます。

(iv) 交換レートは，流動性プールにおける各トークンの在庫量を，所定の方程式に当てはめることにより自動的に決定されます。Uniswap V2では，流動性プールに存在する各トークンの数量の積を不変量（invariant）とする方程式が用いられます。

(v) 前記(iii)による交換が行われた場合，前記(iv)の方程式に従い，LP全員のトークン残高が自動的に増減します。なお，各LPには，当該交換を行うか否かについて諾否の自由は存在しません。

(vi) 前記(iii)において，ユーザーが支払った手数料についての扱いはDEXによって異なりますが，Uniswap V2であれば，各流動性プールに自動的に追加されます。その結果，前記(iv)記載の不変量は交換が行われるごとにわずかに増加します。

(vii) Uniswapはガバナンストークンである「UNI」を発行しており，たとえば，手数料の変更等に関しても，UNI保有者による提案および投票等で決まる仕組みとしています。

### ② UNIトークンの法的性質

AMMによっては，利用者が当該AMMの流動性プールへ流動性を供給することにより，当該DEX上での取引手数料の一部を当該利用者に対して還元したり，当該DEXのガバナンスに参加する権利を表章したガバナンストークンを付与したりする場合があります。こうしたAMMなどのDeFiに流動性を提供することによって，利息以外の何らかの報酬を得る行為は「流動性マイニング」（Liquidity Mining）と呼ばれます。

Uniswapでも流動性マイニングによってガバナンストークンであるUNIトークンが付与されますが，UNIトークンを保有するだけでは配当等を得られるものでなければ，集団投資スキーム持分（金商法2条2項5号）に係る権利を「電子情報処理組織を用いて移転することができる財産的価値」（すなわちトークン）に表示した，電子記録移転権利（金商法2条3項）には該当しないと考えられます。

一方で，UNIトークンはすでにDEXその他の中央集権的な取引所で取り扱われており，不特定の者を相手方として他の暗号資産と交換可能であることから，暗号資産に該当する可能性が高いと考えられます。

### ③　AMMによるトークンの交換と暗号資産交換契約の成否

Uniswapのような DEXにおいて，暗号資産に該当するトークン（たとえばETH）と他のトークンを交換することを可能とするAMMの機能の存在をもって，ユーザーおよび不特定多数のLP間に暗号資産の交換に係る抽象的な意思表示の合致があるとして暗号資産の交換契約が成立し，「他の暗号資産との交換」の媒介として暗号資産交換業（改正資金決済法2条15項2号）に該当するかが問題となります。

この点，暗号資産との「交換」については，資金決済法上，定義されていませんが，暗号資産の「売買」と「交換」との区別については，民法586条を参照し，当事者の一方が交付する目的物が金銭の場合は「売買」，金銭の所有権以外の財産権であれば「交換」に該当すると解されています(6)。そこで，当該「交換」の意義については，同条を参考に，「当事者が互いに金銭の所有権以外の財産権を移転することを約することによって，その効力を生ずる」契約または当該契約と類似の契約と解するのが合理的と思われます。

そして，民法上，契約は，「申込み」の意思表示と「承諾」の意思表示が合致した場合に成立します（民法522条1項参照）。この点，「申込み」とは，特定の内容を有する契約を締結しようとする意思をもって他人に対してなされる意思表示をいいます(7)。他方，「承諾」とは，申込みの相手方が，当該申込みに対してこれを応諾し，申込みのとおりの契約を締結しようとする意思表示をいい

---

(6)　高橋康文編『新・逐条解説 資金決済法』（きんざい，2021年）50～51頁参照。

(7)　我妻榮・有泉亨・清水誠・田山輝明『我妻・有泉コンメンタール民法：総則・物権・債権（第8版）』（日本評論社，2022年）1110頁。

ます[8]。

DEXにおいては，LPがあるトークンペアについて流動性を供給した時点でユーザーはDEXを構成するスマートコントラクトに従って当該トークンペアについての交換が可能となり，各LPは拒否の自由を有しないことから，トークンの交換に係る「申込み」があるとすれば，それはLPがあるトークンペアについて流動性を供給した時点であると考えられます。

もっとも，LPは，DEXがコードのバグによって誤作動した場合であっても当該LPが返金することは想定されていないように，個々のLPとしては，自らが交換契約に基づく契約上の責任を負うという意思まではないとも考えられます。そうすると，LPによる流動性供給行為について，特定の者が不特定多数に対しトークンの交換契約の申込みを行っていると評価することは困難ではないかとも思われます。

また，ユーザーの側も，コードに従って流動性プールを利用して自己の有するトークンを他のトークンと交換し，手数料相当のトークンを流動性プールに送付しているにすぎず，DEXを利用する際に不特定多数のLPとの関係で契約責任を負おうとする意思まではないとも考えられます。

したがって，仮にLPによる流動性供給行為について，特定の者が不特定多数に対しトークンの交換契約の申込みを行っていると評価することができたとしても，ユーザーについて，トークンの交換契約の申込みに対する「承諾」の意思表示を行っていると捉えることは困難ではないかとも思われます。また，仮に交換契約が成立していると認められる場合であっても，当該DEXの開発者等の行為が契約成立に向けた媒介行為と評価できるかについては別途検討が必要となります。

以上のとおり，AMMによるトークンの交換について，ユーザーおよび不特定多数のLP間に暗号資産の交換契約が成立し，「他の暗号資産との交換」の媒介として暗号資産交換業に該当するかは，なお慎重な検討が必要と思われます。

(8)　我妻ほか・前掲注７・1111頁。

## (2) トークンレンディングプラットフォームと法規制

トークンレンディングプラットフォームとは，不特定多数のユーザー間でのトークンの貸借を行うブロックチェーン上で稼働する分散型のプラットフォームです。利用者は，自らが保有するトークンを当該プラットフォーム上のコントラクトに貸し付けて利息を得ることができます。また，利用者は，コントラクトに担保としてトークンを提供することにより，コントラクトから他のトークンを借り入れることができます。以下では，Compound V2を例として，そのガバナンストークンであるCOMPトークン等の法的性質，およびトークンのレンディングに係る法規制について概説します。

### ① Compoundの概要

図表３－９　Compoundの仕組み

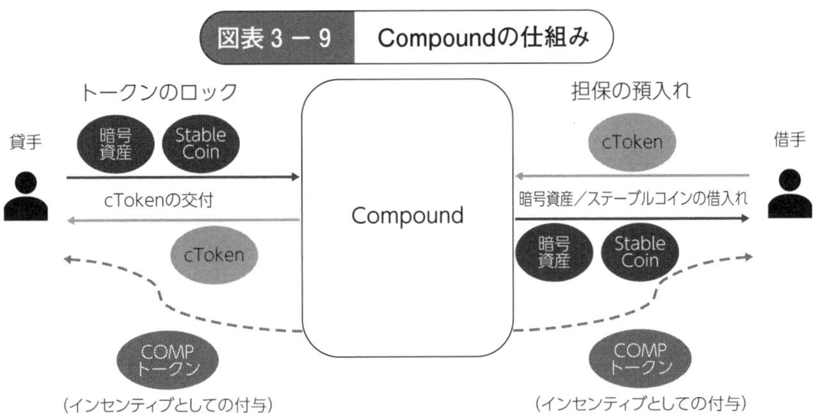


まず，Compoundにおいて利用者が保有するトークンの貸付けを行おうとする場合，Compound上のコントラクトアドレスに暗号資産やステーブルコインを送付してロックする必要があります。そして，トークンをロックした場合，事前に設定されたレートで，レンディングプールのシェアを表すcTokenが利用者に自動的に交付されます。cTokenはロックされたトークンの引き出し時に償還されますが，cTokenの価値はロックしたトークンに対して時間の経過

とともに増加するものとされており，これにより，利用者はcTokenを保有することで利息に相当するトークンを獲得することができます。

これに対して，利用者がトークンの借入れを行う場合，cTokenを担保としてコントラクトアドレスに預け入れることにより，当該コントラクトアドレスから暗号資産やステーブルコインを借り入れることができます。利用者の借入残高が，未払いの利息の増大，担保価値の低下，借入資産の価格の上昇などにより借入能力を超えた場合，提供された担保はその時点の市場価値から割引を行った上で清算されます。なお，Compoundにおいては，プラットフォーム利用に対するインセンティブとして，貸付人・借入人双方に対してガバナンストークンであるCOMPトークンが分配されます。COMPトークンの保有者は，プロトコルの変更を提案することが可能となります。

### ② COMPトークンおよびcTokenの法的性質

COMPトークンの法的性質については，当該トークンを保有するだけでは配当等を得られるものでなければ，集団投資スキーム持分に係る権利をトークンに表示した，電子記録移転権利には該当しないと考えられます。一方で，COMPトークンはすでにDEXその他の中央集権的な取引所で取り扱われており，他の暗号資産と交換可能であることから，暗号資産に該当する可能性が高いと考えられます。

これに対しては，cTokenの保有者は利息相当のトークンを獲得することができることから，電子記録移転権利に該当しないか，慎重な検討が必要と考えられます。

### ③ トークンのレンディングと法規制

Compoundでは，利用者がコントラクトに対してトークンを貸し付け，それに対して利息を得られるところ，Compoundにおけるトークンのレンディングが，貸金業（貸金業法２条１項）に該当しないかが問題となります。

この点，貸金業法における「貸金業」とは，金銭の貸付けまたは金銭の貸借の媒介（手形の割引，売渡担保その他これらに類する方法によってする金銭の交付または当該方法によってする金銭の授受の媒介を含みます）（以下これらを総称して単に「貸付け」といいます）で業として行うものをいうとされています（貸金業法２条１項）。そうすると，金銭に該当しないトークンの貸付けは「貸金」には該当せず，通常はトークンのレンディングは貸金業には該当しないと考えられます。

また，利用者がレンディングプールへトークンを送付してロックする行為が，Compound（のトラストポイント）が「他人のために暗号資産の管理」を行うものとして，暗号資産カストディ業務（改正資金決済法２条15項４号）に該当しないかが問題となり得ますが，当該ロックによって利用者が保有するトークンの秘密鍵の処分権限が利用者以外の第三者に移転することがないのであれば，暗号資産カストディ業務にも該当しないと考えられます。

## (3)　アグリゲーターと法規制

前記(2)のとおり，トークンレンディングプラットフォーム等のDeFiを利用すると，利息に加えて，インセンティブとしてのガバナンストークンの付与等を受けることができますが，利用者にとって，効率的に保有する資産を運用することは容易ではありません。そこで，AMMやレンディングプロトコルがインセンティブとしてトークンを発行する場合に，自動的にトークンを売却して最高と思われる利回りで再投資するDeFiも存在します。

たとえば，暗号資産レンディングに加えてイールドファーミング（DeFiプラットフォームにトークンを預け入れることで報酬を得る仕組みのことをいいます）の最適化を目指したプラットフォームとして，yearn.financeが存在します。以下では，yearn.financeを例として，その概要，およびyearn.finance上のVAULTにトークンを預け入れることにより当該トークンを自動で運用してもらう行為に係る法規制について概説します。

### ①　yearn.financeの概要

yearn. financeは，ユーザーが暗号資産をyearn.finance上の「貯蔵庫」（VAULT）に預けることで，自動的に最高と思われる利回りで運用するDeFiプラットフォームであり，複数のAMMやレンディングプロトコルに接続し，最

図表３－10　yearn.financeの仕組み

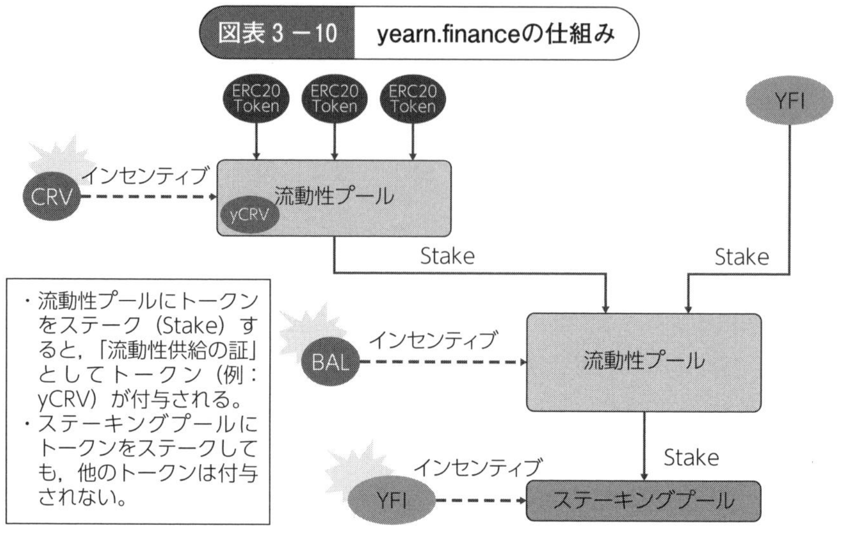


高のリターンを生み出すと想定される場所に資金を移動させるものです。yearn. financeの仕組みは，**図表３－10**のとおりです。

## ②　VAULTへのトークンの預入れと法規制

ブロックチェーン上のVAULTにトークンを預け入れる行為が，yearn.finance（のトラストポイント）が「他人のために暗号資産の管理」を行うものとして，暗号資産カストディ業務に該当しないかが問題となり得ますが，当該預け入れによって利用者が保有するトークンの秘密鍵の処分権限が利用者以外の第三者に移転することがないのであれば，暗号資産カストディ業務には該当しないと考えられます。

また，VAULTへトークンを預け入れることにより，最高の利回りを持つ流動性プールへ自動的にトークンを割り当てられることとなりますが，当該行為は，yearn.finance（のトラストポイント）による投資助言業（金商法２条８項11号）または投資運用業（金商法２条８項15号）に該当しないかが問題となり得ます。

もっとも，投資助言業とは，投資顧問契約を締結し，当該投資顧問契約に基づき助言を行うことをいうところ（金商法２条８項11号），投資顧問契約とは，当事者の一方が相手方に対して，①「有価証券の価値等」または②「金融商品の価値等」の分析に基づく投資判断に関し，口頭，文書その他の方法により助言を行うことを約し，相手方がそれに対して報酬を支払うことを約する契約をいいます。

また，投資運用業とは，金融商品の価値等の分析に基づく投資判断に基づいて主として有価証券またはデリバティブ取引に係る権利に対する投資として，一定の権利を有する者から出資または拠出を受けた金銭その他の財産の運用を行う行為をいいます。

そうすると，利用者がVAULTへトークンを預け入れ，当該トークンが割り当てられた流動性プールで行われる取引が，有価証券に係る取引またはデリバティブ取引に該当しなければ，投資助言業または投資運用業に該当する可能性は低いと考えられます。

# DeFiとAML/CFT

## (1) DeFiとAML/CFTの概要

ブロックチェーン分析企業であるChainalysisによれば，DeFiを悪用したマネー・ローンダリングは近年，増加傾向にあります。2022年には不正なアドレスから送金された暗号資産の69％がDeFiプロトコルに送付されており，不正資金の最大の受け手になっているとされています[(9)]。このように，不正な取引がDeFiを利用して行われる理由として，DeFiを利用すれば，金融機関などの仲介者を経ることなく，P2P（ピア・ツー・ピア）で暗号資産の交換や貸借などの様々な取引が可能となることが考えられます。

また，DeFiをターゲットにしたハッキング事案も増加しています。ある調査によれば，2022年の前半だけで，DeFiプロトコルから19億34万米ドルの資金がハッキング被害に遭ったとされています[(10)]。これは，DeFiの急成長により多くの資金がDeFiプロトコルに集まっていることに加えて，セキュリティ対策があまいままローンチするプロジェクトも増えていることが原因ではないかと思われます。

いずれにせよ，DeFiがこのようにマネー・ローンダリングやハッキング等の大きなリスクにさらされていることは疑いの余地がありません。しかしながら，ほとんどのDeFiは現状，既存の金融機関に対するようなマネロン・テロ資金対策（以下「AML/CFT」といいます）に関する規制に準拠せずに運営されています。これは，既存の金融規制は，金融取引の仲介者である金融機関を適用

(9) Chainalysis "The Chainalysis State of Web3 Report" June 2022, 83頁。
(10) Crystal "Crypto & DeFi Hacks, Fraud & Scams Report" July 2022, 10頁。

対象として設計されてきたため，P2P取引を行うためのプロトコルであり，取引の仲介者が存在しないDeFiに対しては適用できないか，あるいは適用が難しいためと考えられます。

しかしながら，金融活動作業部会（Financial Action Task Force, FATF）はDeFiについてもAML/CFTに関する規制の対象となりうるとの立場をとっており，今後，各国においてDeFiに焦点を当てた規制導入の検討が進むことも考えられます。

## (2)　DeFiとFATFガイダンス（トラベルルール）

### ①　FATFとは

FATFとは，AML/CFTの国際基準（以下「FATF勧告」といいます）を策定し，その履行状況について相互審査を行う多国間の枠組みのことをいいます。現在，37カ国・地域と2地域機関がFATFに加盟しており，その他9つのFATF型地域体を加えると，FATF勧告は，世界200以上の国・地域に適用されています。FATF勧告には，法的な拘束力はないとされているものの，相互審査等の枠組みによって，加盟国に対する事実上の拘束力が存在します。

FATF勧告は，上記のとおり一義的には加盟国を拘束するものですが，その内容は，金融機関や一定の非金融機関（カジノや不動産業者，貴金属の販売業者等）に対するAML/CFTの観点からの規制導入や監督等を加盟国に求めるものであるため，その内容はこれらの金融機関等に多大な影響を与えています。

また，FATF勧告は40の勧告からなりますが，FATFはこれに加えて，勧告の解釈ノート，用語集，ガイダンスなどの文書を公表しています。このうち，勧告そのものと，その解釈ノートおよび用語集によってFATF基準が構成され，ガイダンスなどの文書は，FATF基準の実施を支援するための文書という位置付けであるとされています。

### ②　FATF勧告とDeFi

FATF勧告そのものにはDeFiに関する記述は存在しませんが，勧告15（新技術）において，「各国は，仮想資産から生じるリスクを管理・低減するために，仮想資産サービス提供業者を，マネー・ローンダリング対策およびテロ資金対策の目的で規制し，免許制または登録制として，FATF勧告で求められている関連措置の遵守を監視・確保するための効果的なシステムに服するようにすべきである」と定められています。

これは，「仮想資産サービス提供業者」（原文では「virtual asset service provider」であり，以下「VASP」といいます）を，金融機関と同様にAML/CFTの規制対象とすべき，という趣旨であると考えられます。FATF勧告の適用対象を画するためには，FATFにおけるVASPの定義の外延が重要となります。

VASPの定義は，FATFの用語集において，以下のとおり定められています。ただし，この定義からはDeFiの関係者がVASPに該当するか否かについて，明確ではありません。

> 仮想資産サービス提供業者とは，FATF勧告の他の箇所で対象となっていない自然人または法人で，業として他の者のために，または他の者に代わって，以下の１つ以上の活動または業務を行う者をいう。
>
> ⅰ．仮想資産と法定通貨の交換
>
> ⅱ．１つまたは複数の形式の仮想資産の交換
>
> ⅲ．仮想資産の移転
>
> ⅳ．仮想資産の保管・管理または仮想資産の支配を可能にする手段の保管・管理
>
> ⅴ．発行者による仮想資産の提供・販売への参加および関連する金融サービスの提供

FATFが公表するガイダンスのうち，「Updated Guidance for a Risk-Based Approach to Virtual Assets and Virtual Asset Service Providers」（仮想資産に対するリスクベースアプローチのための改訂ガイダンス，以下「VASPガイダンス」といいます）において，VASPの定義が拡張的であることが説明されています（VASPガイダンス９項）。

また，DeFiに関しては，以下のとおり言及されています。

「（筆者注：仮想資産の）交換または転送サービスは，一般的に分散型取引所ま

たは分散型プラットフォームと呼ばれる技術によっても行われる場合がある。（中略）（筆者注：これらは）多くの場合，分散型台帳上で実行されるが，VA（筆者注：virtual asset）を作成して起動したり，管理用の「鍵」を持つアカウントのためにDApp（筆者注：分散型アプリケーション）の機能やユーザーインターフェースを開発したり，手数料を徴収したりするなど，何らかの形で中央の関係者が関与したり制御したりしている。多くの場合，DAppは，所有者/運営者/開発者/コミュニティの最終的な利益のために，VAで一般的に支払われるDAppに接するためにユーザーが料金を支払うことを要求するようにプログラムされる可能性がある。（中略）VASPが提供するような金融サービスをDAppが提供する場合，「分散型金融」（DeFi）という言葉がよく使われる。」（VASPガイダンス66項）

「基礎となるソフトウェアや技術にFATF基準は適用されないため，DeFiアプリケーション（ソフトウェアプログラム）は，FATF基準ではVASPに該当しない。しかし，クリエイター，所有者，運営者，またはその他の者で，DeFiの取決めにおいて支配力または十分な影響力を維持している者は，たとえその取決めが分散化されているように見えたとしても，VASPサービスを提供している，または積極的に促進している場合には，FATFのVASPの定義に該当する可能性がある。（中略）所有者／運営者は，しばしば行われている活動との関係によって区別することができる。たとえば，資産やサービスのプロトコルの特徴に対する支配力や十分な影響力がある場合，それがスマートコントラクトや場合によっては投票プロトコルを通じて行使される場合でも，所有者／運営者とユーザーの間に継続的なビジネス関係が存在することがある。加盟国によっては，サービスから利益を得る当事者がいるかどうか，DeFiの取決めの所有者／運営者を特定するためのパラメータを設定または変更する能力があるかどうかなど，他の要因も考慮することを望むかもしれない。これらは，所有者／運営者をVASPとする唯一の特徴ではなく，例示にすぎない。その運用によっては，DeFiの取決めに接する追加のVASPが存在する可能性もある。」（VASPガイダンス67項）

以上のとおり，VASPガイダンスは，DeFiアプリケーションそのものは

VASPに該当しないとしつつ，「DeFiの取決めにおいて支配力または十分な影響力を維持している者」はVASPに該当しうるとの解釈を示しています。これは，クリエイター，所有者，運営者という例示から推測するに，DeFiを開発・運営する者や，いわゆるガバナンストークンを大量に保有し，DeFiの運営方針の決定において大きな影響力を有するVCなどの投資家をVASPの定義に含めようという趣旨であるとも考えられます。ただし，この解釈では，VASPの定義の外延が不明確となり，DeFiに関するFATF基準の適用を検討するにあたって，FATF加盟国ごとに相当に異なる解釈がなされるおそれがあるように思われます。

また，DeFiの開発・運営者が相当程度分散している場合には，理論的にDeFiの開発や運営に関与する者（以下「DeFi関係者」といいます）のうち，一定の者を規制対象とした場合であっても，実際には規制の執行が難しいことも想定されます。なお，DeFiにもFATF基準が既存金融機関と同様に適用されるとの理解の上，既存のAML/CFTに係る規制の対象とした場合，DeFiのパーミッションレス（誰でもどこからでも，いつでも利用できる）という性質や，検閲耐性（開発者等であっても取引を停止したり，取り消したりすることができない）という性質を維持することは困難であると思われるため，実質的にはDeFiの開発・運営行為そのものの禁止という効果をもたらす可能性があることにも留意が必要です。

## (3) DeFiと犯罪収益移転防止法

日本におけるAML/CFTを目的とした規制としては，まず，犯収法が挙げられます。同法の目的は，犯罪収益の移転防止を図り，あわせてテロリズムへの資金供与の防止に関する国際条約等の的確な実施を確保し，国民生活の安全と平穏を確保するとともに，経済活動の健全な発展に寄与することにあります。このような目的を達成するため，犯収法においては，金融機関等の一定類型の事業者（特定事業者）に対して，概要，**図表３－11**の義務を課しています（同法１条）。

犯収法上の特定事業者には，資金決済法上の暗号資産交換業者も含まれるため，DeFiの関係者が資金決済法上の暗号資産交換業者に該当するのであれば，犯収法の適用も受けることになります。ただし，仮に，DeFiの関係者の行為

**図表３－11　犯収法における特定事業者に対する主な義務**

| 義務主体 | 義務の内容 |
|---|---|
| 特定事業者 | 取引時確認（第４条） |
| 特定事業者 | 取引時確認を行った場合の確認記録の作成・保存（７年間保存，第６条） |
| 特定事業者 | 取引記録の作成・保存（７年間保存，第７条） |
| 特定事業者（士業者を除く） | 疑わしい取引の届出義務（第８条） |
| 銀行や資金移動業者等，為替取引（送金取引）の可能な金融機関 | コルレス契約（外国為替取引のために金融機関が海外の金融機関と結ぶ，為替業務代行の契約）締結時の厳格な確認（第９条） |
| 特定事業者 | 外国為替取引（外国送金取引）に係る通知（第10条） |
| 特定事業者 | 取引時確認等を的確に行うための措置（第11条）。<br>具体的には，以下の措置をとることが求められる（②～⑧の措置は努力義務）<br>①　確認した情報を最新の内容に保つための措置<br>②　使用人に対する教育訓練の実施<br>③　取引時確認等の措置の実施に関する規程の作成<br>④　リスク評価，情報収集，記録の精査<br>⑤　取引時確認等の実施等に関する事項を統括管理する者の選任<br>⑥　リスクの高い取引を行う際の対応<br>⑦　必要な能力を有する職員の採用<br>⑧　取引時確認等に係る監査の実施 |

が暗号資産交換業に該当すると解釈された場合には，取引時確認や疑わしい取引の届出等の義務があるため，日本においてパーミッションレスや耐検閲性という性質を維持したままDeFiの開発・提供を行うことは実際上，不可能となると考えられます。

なお，日本居住者がDeFiを利用しようとする際，多くの場合，金融庁に登録された暗号資産交換業者において日本円で暗号資産を購入した上で，当該暗号資産を外部ウォレットに送信し，その上でDeFiのプロトコルに接続することが想定されます。したがって，多くの場合，DeFiの利用者は，暗号資産交換業者における取引時確認や疑わしい取引に係る取引のモニタリング等を経た上でDeFiを利用することとなります。

また，利用者がDeFiで取引・運用等して取得した暗号資産を，最終的に法定通貨で換金しようとする際にも，多くの場合，登録された暗号資産交換業者のウォレットに暗号資産を戻した上で，当該暗号資産を日本円に換金することが想定されます。この段階においても，多くの場合，暗号資産交換業者における取引時確認や疑わしい取引に係る取引のモニタリング等を経ることになることが指摘できます。

他方で，暗号資産交換業者のような金融機関を経ないP2P取引，たとえば，利用者が第三者から直接取得した暗号資産をDeFiで取引・運用する場合や，DeFiで取引・運用等して取得した暗号資産を，そのまま第三者に送付する場合には，暗号資産交換業者による取引時確認等を経ないまま，暗号資産が流通することになります。これは，現金によるP2P取引が，銀行等の規制された金融機関によってチェックされないことと同様ではありますが，暗号資産の利便性（仮想的な存在であり札束のような重量がないこと，国境をまたいだ移転等も容易であること等）を理由として，FATF等からマネロンのリスクが高いと指摘されていることには留意が必要です。

## ⑷　DeFiと外為法改正

### ①　支払等の許可

外為法上，クロスボーダーの支払または支払の受領（以下「支払等」といいます）であって，一定の類型に該当するものについては，所管庁の許可が必要とされ，許可を得ない限り禁止されます（「外国為替及び外国貿易法」（以下「外為法」といいます）16条）。

クロスボーダーとは，外為法上，「本邦から外国へ向けた支払をしようとする居住者もしくは非居住者または非居住者との間で支払等をしようとする居住者」に対する義務という形で表現されています（同条１項）。すなわち，(i)国内から国外に向けた居住者または非居住者による支払，および(ii)居住者と非居住者との間で行われる支払または支払の受領が，支払等の許可の対象となり得ます。また，「支払」および「支払の受領」については，財務省の通達により，次のとおり定義されており，暗号資産の移転も含むものとされています（「外国為替法令の解釈及び運用について」（昭和55年11月29日付蔵国第4672号））。

> （支払及び支払の受領の範囲）
> 16－１等
> 「支払」及び「支払の受領」とは，次に掲げる行為をいう。
> １　当事者間において支払手段を移転する行為（支払手段と同視し得る，暗号資産（資金決済に関する法律（平成21年法律第59号）第２条第５項に規定する暗号資産をいう。以下同じ。），貴金属その他の財産的価値を移転する行為を含む。）
> ２　１に掲げるものを除くほか，当事者間において証券，動産，不動産に係る権利その他の支払手段以外の財産的価値の移転により債権債務を消滅させる行為（現物決済又は代物弁済により債権債務を消滅させる行為及び贈与を含む。）
> ３　相殺及び貸借記並びに当事者間の合意に基づき財産的価値の移転を伴わず債権債務を消滅させる行為

許可が求められる一定の類型の取引には，❶わが国が締結した条約その他の国際約束を誠実に履行するため必要があると認めるとき，国際平和のための国際的な努力にわが国として寄与するため特に必要があると認めるとき，または10条１項の閣議決定が行われたとき（外為法16条１項），❷わが国の国際収支の均衡を維持するため特に必要があると認めるとき（同条２項），❸主務大臣がこの法律またはこの法律に基づく命令の規定の確実な実施を図るため必要があると認めるとき（同条３項），の３類型が存在します。

具体的には，たとえば，❶の類型として，タリバーン関係者等やテロリスト等として資産凍結等の措置の対象となる者に対する支払や，これらの者による本邦から外国へ向けた支払が指定されています[11]。

---

(11)　財務省「経済制裁措置及び対象者リスト」（2022年８月26日最終閲覧）
https://www.mof.go.jp/policy/international_policy/gaitame_kawase/gaitame/economic_sanctions/list.html

上記のとおり，許可を取得する義務は，クロスボーダーの支払等をしようとする居住者に対して課せられているため，個人ユーザーがDeFiを利用するなどする場合に，暗号資産の移転を行うときも，この義務の対象となりうることに留意が必要です。

ただし，たとえばユーザーがDeFiの流動性プールのアドレスに暗号資産をロックする場合であって，当該ロックしたユーザー以外に当該暗号資産の引出しを行うことができる者が存在しない場合には，同一ユーザーが，自ら管理する暗号資産のアドレスを変更しただけであり，外為法上の支払等には該当しないのではないかと考えられます。これに対して，特定のDeFi関係者が，流動性プールのアドレスの秘密鍵を管理しているような場合には，外為法上の支払等に該当するものと考えられます（この場合，当該DeFi関係者は，暗号資産のカストディを行っているものと考えられます）。

また，ユーザーがDEX上で暗号資産と他の暗号資産の交換を行った場合には，ユーザーが送信する暗号資産は，当該DEX上の流動性プール宛に送信され，ユーザーが受信する暗号資産は，当該流動性プールから送信されることが多いと考えられます。この場合も，当該流動性プールのアドレスの秘密鍵を管理する特定の者が存在する場合には，当該者との間の支払等に該当しうると考えられます。

他方で，そのような特定の者が存在しない場合，当該ユーザーが流動性プール宛に送信した暗号資産を最終的に受領するのは，当該流動性プールに暗号資産をロックしている不特定のユーザーとなります。このような場合に，外為法上の支払等に該当するかについての当局の見解は明らかではありません。

### ②　支払等の報告

居住者もしくは非居住者が，(i)本邦から外国へ向けた支払もしくは外国から本邦へ向けた支払の受領をした場合，または(ii)本邦もしくは外国において居住者が非居住者との間で支払等をした場合は，政令で定める報告が不要となる場合に該当しない限り，支払等の内容，実行の時期その他の政令で定める事項を財務大臣に報告しなければならない，とされています（外為法55条）。

政令で定める報告が不要な場合として，3,000万円に相当する額以下の支払等である場合などが定められています（外国為替令18条の4第1項，「外国為替の取引等の報告に関する省令」（以下「報告省令」といいます）1条1項）。

DeFi等を利用する暗号資産のユーザーは，個人であっても3,000万円超の暗号資産の支払等を行う場合には，報告義務が課されることに留意する必要があります。ただし，DeFiの利用が，外為法上の支払等に該当するか否かについては，上記①と同様に，個別の検討が必要となります。

なお，2022年の外為法改正により，同年6月1日以降は，居住者による支払等のうち，暗号資産の売買・交換に係る支払等で，暗号資産交換業者の媒介等によってされるものについては，居住者ではなく暗号資産交換業者に報告義務が課されることとなりました（外為法55条の3第2項，報告省令13条5項・6項，1条2項1号チ，同附則2項）。

### ③　暗号資産交換業者に対する義務

2022年5月施行の外為法改正により，暗号資産交換業者が顧客の支払等に係る暗号資産の移転を行う場合，暗号資産交換業者に対して，顧客の支払等が(i)許可の対象である支払等および(ii)許可の対象である資本取引に係る支払等以下のいずれにも該当しないことを確認する義務（適法性確認義務）が課されました（外為法17条の4，17条，外国為替令7条）。仮に顧客による暗号資産を用いた支払等が外為法上の許可の対象である場合，暗号資産交換業者は，許可を受けていることを確認した後でなければ，その支払等に係る暗号資産の移転を行ってはならないこととなります（外為法17条の4，17条1号）。

また，同改正により，暗号資産交換業者は，暗号資産を用いた10万円を超えるクロスボーダーの暗号資産の支払等を行う場合に，原則として，顧客の本人確認を行わなければならないこととされました（外為法18条の6，18条1項，外国為替令7条の2，外国為替に関する省令8条の2）。ただし，犯収法上の本人確認義務と重なる部分が多いため，実務上は大きな影響は生じないと考えられます。

## (5) DeFiとトラベルルール

### ① FATF基準

トラベルルールについては，2019年６月のFATF定例会合において採択されたFATF勧告15に関する解釈ノート７項(b)が，以下のとおり定めています。

> 各国は，仕向側のVASPが，仮想資産移転に関する要求される正確な送金人情報及び要求される受取人情報（※1）を取得・保有し，上記の情報を受取人のVASP又は金融機関（もしあれば）に直ちに安全に提供し（※2），要求に応じて関係官庁が利用できるようにするべきである。各国は，受取人側のVASPが，仮想資産移転に関する要求される送金人情報及び要求される正確な受取人情報を取得・保有し，それを要求に応じて関係官庁に提供することを確保すべきである。勧告16の他の要件（情報の入手可能性の監視，凍結措置の実施，指定された者や事業体との取引の禁止を含む。）は，勧告16に定められたものと同じ基準で適用される。金融機関が顧客に代わって仮想資産の移転を行う場合や受け取る場合にも，同じ義務が適用される。

（※１） 勧告16解釈ノート６項で定義されている情報（又は仮想資産との関係における当該情報と同等の情報）を意味する。

（※２） この情報は，直接又は間接に提供することができる。また，仮想資産の移転の取引の場合は，当該情報を取引に直接随伴させる必要はない。

（出所）「FATF勧告」（©2012-2021 FATF/OECD. All rights reserved. https://www.fatf-gafi.org/media/fatf/documents/recommendations/pdfs/Japanese-FATF-Recommendations-Oct-2021.pdf，訳：弁護士中崎隆 https://nakasaki-law.com/FATF）

上記のFATF勧告15解釈ノート７項(b)で求められるトラベルルールの内容は，概要，VASP間において暗号資産の送付が行われる場合に，送付側のVASPにおいて，送付人と受取人の情報を取得し，これらを受取側のVASPに共有すること，および受取側VASPにおいても送付人と受取人の情報を取得することを求めるものです。

このルールは，銀行等の伝統的金融機関が，SWIFTのシステムを使って実施している電信送金（wire transfer）と同等のプロセスの履行をVASPにも求めるものと考えられます。FATF加盟各国は，このFATF基準によって求められるトラベルルールに係る制度を導入する必要があることになります。

### ②　日本におけるトラベルルールの導入状況

本項執筆時点において，犯罪収益移転防止法その他の法律において，日本国内で暗号資産の取引に係るトラベルルールについて規定したものは存在しません。ただし，一般社団法人日本暗号資産取引業協会（以下「JVCEA」といいます）が，自主規制規則として，トラベルルールを法律に先行し，部分的に導入しています(12)。

JVCEAの会員である暗号資産交換業者は，利用者から暗号資産移転取引の依頼を受けた場合，利用者から以下の情報を取得しなければならないとされています。

- 送付依頼人情報（氏名，住所または顧客識別番号）
- 受取人情報（氏名，送付先暗号資産アドレス，住所に関する情報）
- 受取側暗号資産交換業者の有無・ある場合はその名称
- 取引目的等に関する情報

したがって，DeFiを利用する目的で暗号資産を外部のウォレットに移転する場合には，利用者は，暗号資産交換業者に対してその旨を申告する必要があることになります。ただし，DeFiを利用する場合，通常はノンカストディアルウォレットに暗号資産を送付するのであり，VASP間の暗号資産の送付は行われないため，トラベルルールに基づくVASP間での情報移転が行われることはないと考えられます。

また，JVCEAの会員である暗号資産交換業者は，トラベルルールを規定する法律が施行されるまでの間は，(i)受取人と送付依頼人が同一であること，(ii)国内の暗号資産交換業者が受取側暗号資産交換業者であること，(iii)送付する暗

(12)　詳細についてはJVCEAによる解説記事が詳しいため，参照されたい。
https://jvcea.or.jp/cms/wp-content/uploads/2022/03/202203-travel_rule.pdf

号資産がBTCまたはETHであること，(iv)送付する暗号資産の邦貨換算額が10万円を超える額であること，という要件をすべて満たす場合に限り，送付人と受取人の情報を，受取側の暗号資産交換業者に通知しなければならないとされています。

このようにJVCEA自主規制規則において限定的な対応となったのは，暗号資産交換業者間における個人データの移転のためには，法令上の定めがなければ，原則として利用者からの個別同意が必要となることや，個人データの送付側と受領側で共通のシステムを用いていない場合には，安全かつ効率的に個人データの移転を行うことが困難であることなど，実務上のハードルが高いことが理由として考えられます。今後，グローバルな対応が進むことによって，日本においてもそれに合わせた立法ないし自主規制規則上の対応が進むものと考えられます。

# 5 海外でのDeFiに関する議論

本項では，海外におけるDeFiに対する法規制に関する議論として，DeFiについても影響を及ぼしうる米国証券法における「証券取引所」の定義等の改正に係る提案，ならびに，DeFiが伝統的な金融（CeFi）とどのように異なり，DeFiがどのようなリスクを有するかを分析したFSBおよびIOSCOの報告書を紹介します。

## (1) 米国証券法における「証券取引所」の定義等の改正に係る提案

米国の規制当局である米国証券取引委員会（US Securities and Exchange Commission, SEC）は，2022年1月26日付で「Proposed rule: Amendments Regarding the Definition of "Exchange" and Alternative Trading Systems (ATSs) That Trade U.S. Treasury and Agency Securities, National Market System (NMS) Stocks, and Other Securities」[13]と題する提案書（以下「本SEC提案書」といいます）を発表しました。本SEC提案書では，米国証券取引所法（Securities Exchange Act of 1934，以下本項において「法」といいます）における証券取引所（exchange）の定義を改正することを含むいくつかの事項が提案されています。

具体的には，証券取引所の定義に，「証券の買い手と売り手を結びつけるために，ノンファーム（非確実）取引利益と通信プロトコルを提供するシステ

---

(13) Proposed rule: Amendments Regarding the Definition of "Exchange" and Alternative Trading Systems (ATSs) That Trade U.S. Treasury and Agency Securities, National Market System (NMS) Stocks, and Other Securities.
(https://www.sec.gov/rules/proposed/2022/34-94062.pdf)

ム」を含めるというものです。かかる定義が加わると，スマートコントラクトを用いて，暗号資産の買い手と売り手を自動的にマッチングする機能を有するDAppsが，SECによる規制範囲に入る可能性があります。

その場合，米国の顧客にサービスを提供するDAppsは，公開市場の代替として売買注文をマッチングする電子取引システムである「代替取引システム」（Alternative Trading Systems，ATS）の規制範囲に入り，SECに取引所または証券会社として登録することが義務付けられることになります。

ここでは，上記の証券取引所（exchange）の定義の改正に関する提案内容を紹介します。

### ① SECにおけるDeFi規制に係る提案の概要と現行規定

上記のとおり，SECは，本SEC提案書において証券取引所の定義を拡大する提案を行っており，その内容は，米国証券取引所法規則（Rules and Regulations Under the Securities Exchange Act of 1934，以下本項において「規則」といいます）を改正することにより，証券取引所の定義に，有価証券の買い手と売り手を結びつけるための一定のコミュニケーションプロトコルを提供するシステムを含めるようにするというものです。

現行法３条(a)１において，証券取引所は，「法人化されているか否かを問わず，有価証券の買い手と売り手を結びつけるための，または有価証券に関して一般的に証券取引所が果たす機能を担うための市場または市場機能を，構成，維持，または提供する組織，団体，または個人のグループであって，当該取引所によって維持される市場および市場機能を含むもの」[14]と定義されているところ，証券取引所に該当する組織は，法６条の規定に基づきSECへの登録が義務付けられます。

そして，規則3b-16(a)では，組織，団体，または個人のグループが，「(1)複数

(14) “any organization, association, or group of persons, whether incorporated or unincorporated, which constitutes, maintains, or provides a market place or facilities for bringing together purchasers and sellers of securities or for otherwise performing with respect to securities the functions commonly performed by a stock exchange as that term is generally understood, and includes the market place and the market facilities maintained by such exchange.”

の売り手と買い手の有価証券の注文を集約し」（"(1)Brings together the orders for securities of multiple buyers and sellers; and"），「(2)かかる注文が相互にやりとりされ，その注文を出す買い手と売り手が取引条件に合意する，確立された非裁量的手段（取引機能の提供またはルールの設定によるものかは問わない）を使用している」（"(2)Uses established, non-discretionary methods (whether by providing a trading facility or by setting rules) under which such orders interact with each other, and the buyers and sellers entering such orders agree to the terms of a trade."）場合に，法３条(a)１に定める「市場または市場機能」に該当するとしています。

### ②　SECが提案したDeFi規制に係る改正内容

本SEC提案書では，現行の規則3b-16(a)を，以下のように改正することを提案しています（本SEC提案書32頁）。

(1)　Brings together ~~the orders for securities of multiple~~ buyers and sellers **of securities using trading interest**; and

(2)　Makes available ~~Uses~~ established, non-discretionary methods (whether by providing a trading facility **or communication protocols,** or by setting rules) under which ~~such orders interact with each other, and the~~ buyers and sellers ~~entering such orders~~ can interact and agree to the terms of a trade.

（※）　取消し線が提案による削除部分，太字部分が提案による追記部分を指します。

かかる改正により，コミュニケーションプロトコルを利用した場合でも証券取引所に該当しうることになります。当該改正に関しては，本SEC提案書において，RFQ（Request-for-Quote，見積り要求）などの機能に代表されるコミュニケーションプロトコルシステム[15]（Communication Protocol System）が発達して

(15)　本SEC提案書において明確な定義はされていませんが，その特徴として，①様々なテクノロジーや接続性を利用することができること，②一般に，非確定的な取引利益の利用を提供していること，③買い手と売り手が注文の利用に頼ることなく，取引条件について話し合い，交渉し，合意するためのプロトコルを確立していることが挙げられています（本SEC提案書17頁）。

きたところ（本SEC提案書17頁），コミュニケーションプロトコルシステムは，今日において投資家が価格情報を取得して取引相手を見つけ，取引に係る合意を行う場となっているなど，既存のSECに登録された証券取引所等と同様のマーケット機能を果たしている一方で，現行法における「証券取引所」に該当しないためにSECへの登録がされず，投資家がSECに登録された証券取引所と同じ保護や公正で秩序ある市場原理，SECの監督機能を享受できていないという点が指摘されています（本SEC提案書23，24頁）。

### ③ DeFiへの影響

本SEC提案書のとおりに規則が改正された場合，たとえば，既存のDeFiプロトコルの中で，スマートコントラクトなどにより暗号資産の買い手と売り手を自動的にマッチングするDAppsが，「証券取引所」に該当する可能性があります。その場合，前記のとおり，当該DAppsはATSの規制範囲に入り，SECに取引所または証券会社として登録することが義務付けられることになります。引き続き「証券取引所」に係るSECの考え方について，その動向を注視していく必要があります。

## (2) FSB「暗号資産の金融安定に対するリスクの評価」に関する報告書

FSBは，2022年２月16日，「暗号資産の金融安定に対するリスクの評価」[16]（原題：Assessment of Risks to Financial Stability from Crypto-assets，以下「FSB報告書」といいます）を公表しました。FSB報告書は，近年の暗号資産市場の動向を踏まえて，暗号資産が金融安定へ与える影響についてFSBの見解をまとめたものです。以下では，DeFiが伝統的な金融（以下「CeFi」といいます）とどのように異なるのか，および，DeFiが有しうるリスクについて，FSB報告書における議論を概説します。

---

(16) Assessment of Risks to Financial Stability from Crypto-assets.
(https://www.fsb.org/wp-content/uploads/P160222.pdf)

### ①　DeFiと伝統的な金融（CeFi）との比較

FSB報告書では，DeFiと伝統的な金融（CeFi）との相違点として，以下の４つの点に言及されています（FSB報告書16，17頁）。

• オープンネス（Openness）

まず，DeFiはオープンソースの技術を採用していることから，技術的な専門知識を有する者であれば，誰でもソースコードを読むことが可能である点が指摘されています。

• トラストレス（Trustless）

次に，DeFiプラットフォームは，暗号資産等の必要な担保を提供できる者であれば，誰でも自動取引により利用することが可能であることが指摘されています。また，同プラットフォーム上のスマートコントラクトを介して，超過担保の設定や，必要マージンの執行のプログラム化を行うことで，プラットフォームユーザーの本人確認やレンディング契約における借り手の信用リスク評価を代替することができる点についても言及されています。

• パーミッションレス（Permissionless）

さらに，DeFiプロトコルは，プロトコルが設定する要件を満たすことができれば，誰でも使用が可能であるという，パーミッションレスの性質を有している点にも触れられています。

• 分散化された所有とガバナンス構造に関する権利（Claims of decentralised ownership and governance structure）

最後に，一部のDeFiプロトコルでは，ガバナンストークンの保有者による「投票」を通じて運営を行うことが模索されている点も挙げられています。他方で，DeFiプロトコルの運営が一部の構成員や組織に集中している場合もある点にも言及されており，ソーシャルメディアのプラットフォームを通じて定期的に開催される，プロトコルを管理するための委員会や，ガバナンストークンの大部分を保有するDeFiプロジェクト関係者等といった存在が運営を担っている場合が例として挙げられています。

また，典型的な例として，DeFiプロトコルにかかる「管理鍵」を保有する創業チームが存在する場合もあり，少なくとも開発の初期段階においては，当該チームのような存在による一方的な決定により内部ガバナンスの機能全体を支配することが可能となっていることもあるという点も指摘されています。

### ② DeFiが有しうるリスク

FSB報告書では，DeFiに係る技術や性質が内包する規制上の問題点やリスクとして，以下の４つの点が指摘されています（FSB報告書17，18頁）。

まず，DeFiプラットフォームは，ガバナンストークンの発行による分散型のガバナンス構造を目指していることから，公的機関や規制当局による規制遵守の責任を負う事業者や個人の特定が困難であり，プラットフォームが完全に分散化されている場合においては，責任主体が存在しない可能性もある点が指摘されています。

次に，DeFiはグローバルな存在であることから，適用すべき法令・法制度が必ずしも明確でない，または十分に定まっていない可能性があることに言及されています。

また，ユーザーに対し独自に本人確認手続を求めている一部のDeFiプラットフォームを除き，多くのDeFiプラットフォームでは本人確認が不要であること，および，第三者がユーザーに対してプライバシー強化（または脱法）技術を提供しうることの２点から，DeFiプラットフォームにおける取引の追跡が困難となり，違法行為，マネー・ローンダリング，テロ資金供与または制裁措置の回避を招くリスクを高める可能性についても指摘されています。

最後に，2021年１月から７月において，DeFiに関連するハッキングが，暗号資産のハッキングや盗難総額の75％以上をも占めた事実を例に，十分な規制や市場監視がない場合，DeFiや関連するプラットフォームが金融安定に対するリスクをもたらす可能性があることについて指摘されています。

## ⑶ IOSCO「分散型金融（DeFi）についての報告書」

証券監督者国際機構（International Organization of Securities Commissions，IOSCO）は，2022年３月24日，「分散型金融（DeFi）についての報告書」(17)（原題：IOSCO DECENTRALIZED FINANCE REPORT，以下「IOSCO報告書」といいます）を公表し

ました。IOSCO報告書では，DeFiの構造に関する包括的な分析を基に，DeFiによる新しい金融商品・サービスと伝統的な金融商品・サービスとの比較が行われているとともに，DeFiの有しうるリスクが提示されています。以下では，当該比較内容と言及されているDeFiの有しうるリスクについて概説します。

### ①　DeFiと伝統的な金融（CeFi）との比較

IOSCO報告書では，提供されるサービスごとに，DeFiと伝統的な金融との相違点が指摘されています（IOSCO報告書12～25頁）。

たとえば，借入れおよび貸出しサービスについては，伝統的な金融と異なり，ユーザーは，中央集権化された組織ではなく，分散台帳上のスマートコントラクトに暗号資産を預け入れるという点や，スマートコントラクトが，供給される資産と借りられる資産の流動性の比率を自動的に管理するため，貸出金利も当該比率に従って決定される点が指摘されています。

また，DeFiでは，伝統的な金融で必要とされる，融資決定に際する借り手の信用力の評価が不要である代わりに，借入額を超える担保の提供（Over-Collateralization）が必要であることも指摘されています。

また，取引所サービスについては，伝統的な金融では，当該サービスが中央集権化された組織や仲介業者によって運営される一方で，DeFiにおいてはユーザー間の直接的な取引が促進される点が指摘されています。その例として，自動マーケットメーカー（AMM）においては，ユーザーが，スマートコントラクトによって管理される流動性プールにトークンを預け入れた後，他のユーザーとの間で，当該プールに預け入れられた資産の比率によって自動的に決定される価格で取引がなされていることが指摘されています。

さらに，カストディサービスについては，伝統的な金融では，ユーザーの資産を盗難や紛失から保護するために，規制されたエンティティがユーザーに代わって資産を管理する一方で，DeFiでは，ユーザーが資産を自らのウォレットを通じてセルフカストディしたり，スマートコントラクトに預けたりすると

---

(17)　IOSCO DECENTRALIZED FINANCE REPORT.
（https://www.iosco.org/library/pubdocs/pdf/IOSCOPD699.pdf）

いう違いが指摘されています。

そして，スマートコントラクトの場合，盗難，ハッキングその他のサイバーセキュリティの脆弱性のリスクにさらされることや，セルフカストディであっても，秘密鍵の紛失または侵害によって，暗号資産の盗難や紛失のリスクがある点にも言及されています。

### ② DeFiが有しうるリスク

IOSCO報告書では，DeFiが有しうるリスクについても幅広く指摘されています（IOSCO報告書36〜42頁）。たとえば，多くのDeFiを用いたサービスにおいて，ユーザーに対する重要な情報の開示が十分になされていない現状において，ブロックチェーンやスマートコントラクトの理解には専門的な知識を要することを考慮すると，当該重要情報の不開示等によって投資家が損失を被る可能性があることや，破綻コストを個人投資家に集中させるなど詐欺的なDeFiのスキームが存在していることなど，情報の非対称性や不正のリスクについての指摘がなされています。

また，現状のDeFiプロトコルは，手数料等のインセンティブ構造を軸に，バリデーター，裁定取引業者，流動性プロバイダー等の重要参加者の関与によって成り立っているところ，当該構造が破綻した際に当該DeFiプロトコルが破綻する可能性について，伝統的な金融においては規制されたエンティティによって重要参加者の関与が供給されていることを引き合いに指摘がなされています。

さらに，不正行為に関連するリスクとして，一部を除くDeFiの多くの商品・サービスにはAML/CFTに係る措置が講じられておらず，潜在的に重大なマネロン・テロ資金供与リスクが存在する点や，不法行為者がミキサー等の匿名性強化技術を利用することで，従来のAML/CFT等の監視システムから逃れ，制裁回避等を行うことが可能である点が指摘されています。

また，DeFiで取引を行う者が，制裁対象者や不正な活動によって調達された暗号資産と関わってしまいうるという重大なリスクについても言及されています。

そして，プロトコルやスマートコントラクトのガバナンスに関するリスクとして，特定の投資家やベンチャーキャピタリスト等がガバナンスに関して発言権を有していたり，管理鍵を持つ一部の者がプロトコルの管理について裁量権を有しているような場合に，他の投資家がプロトコルに関する十分な情報を得られなかったり，管理鍵の保有者の行動によりスマートコントラクト上の投資家の資産が盗難等の危険にさらされうること等が指摘されています。

# 6 GameFiと法規制

## (1) GameFiと法的論点

近時，代替可能性のない固有のパラメータを持ったブロックチェーン上で発行されるトークンであるNon Fungible Token（NFT）に表章されたゲームキャラクターやアイテム等を活用してゲームをプレイし，ゲームプレイの報酬としてトークンを獲得することができるゲームなど，ゲームと金融取引が融合した新しいサービス（以下「Play-to-Earn」または「GameFi」といいます）が登場してきています。

GameFiにおいては，ゲームプレイの報酬として獲得したトークンを，外部のDEXなどのDeFiと接続して他の暗号資産と交換したり，NFTマーケットプレイスを通じてゲームアイテム等に関する権利が表章されたNFTを譲渡・売却したりすることが可能となります。このように，**第1章4**で述べたとおり，DeFiはゲームプレイを通じて獲得したトークンを換金する機能を提供するなど，GameFiの仕組みを支えるものといえます。

GameFiはゲームプレイの報酬として獲得するユーティリティトークンや運営方針の投票に使うガバナンストークン，ゲームに利用するキャラクタやーアイテムを表章するNFTなどの要素から構成されますが，①NFTはBitcoin（ビットコイン）などと同様にブロックチェーン上のトークンであることから，資金決済法上の暗号資産に該当するのではないかが問題となります。そして，②NFTの販売に際していわゆる「ガチャ」の仕組みを採用する場合などには刑法上の賭博罪に該当しないか，また，③新規ユーザーを獲得するために各種キャンペーンを実施する場合，景品表示法上の景品規制に抵触しないかなど，NFTの販売態様やキャンペーン等の態様に応じて個別具体的な分析が必要となります。

このほか，GameFiにおいては，NFT保有者（「オーナー」または「マネジャー」と呼ばれることもあります）がブロックチェーンゲームのプレイヤー（「スカラー」と呼ばれることもあります）に対してNFTを貸し出し，当該NFTを利用してゲームプレイで得た利益をNFT保有者とスカラーとでシェアする仕組み（以下「スカラーシップ」といいます）も登場していますが，④仕組みによってはファンド規制などの金融規制にも抵触しないかについて，慎重な検討が必要となります。本項では，GameFiに関するこれらの法的論点について概説します。

## (2)　NFTと暗号資産該当性

NFTは，１号暗号資産であるBitcoinやEther（イーサ）などと同様，ブロックチェーン上で発行されるトークンであり，Etherその他の暗号資産と交換ができることから，１号暗号資産または２号暗号資産に該当しないかが問題となります。なお，暗号資産の定義は，上記**2**(2)をご参照ください。

この点，NFTそれ自体に決済手段性がないと判断できる場合は，暗号資産の要件（**2**(2)①の）(i)物品等・役務提供の代価の弁済として不特定の者に対して使用できるものではないことから，１号暗号資産には該当しないと考えられます。

これに対して，NFTは不特定の者との間でBitcoinやEthereum（イーサリアム）等その他の１号暗号資産と相互に交換可能であることから，２号暗号資産の定義に該当するようにも思われます。しかしながら，資金決済法の目的は「資金決済に関するサービスの適切な実施を確保し，その利用者等を保護するとともに，…資金決済システムの安全性，効率性および利便性の向上に資すること」（資金決済法１条）にあり，決済機能を有する支払手段を規制することが前提とされています。

この点，金融庁「事務ガイドライン（第三分冊：金融会社関係）」（16　暗号資産交換業者関係）（以下「暗号資産ガイドライン」といいます）Ⅰ－１－１③によれば，２号暗号資産該当性の判断要素として，「ブロックチェーン等のネットワークを通じて不特定の者との間で移転可能な仕組みを有しているか」，「発行者による制限なく，１号暗号資産との交換を行うことができるか」，「１号暗号資産を用いて購入又は売却できる商品・権利等にとどまらず，当該暗号資産と同等の経済的機能を有するか」などの点が挙げられています。

また，令和元（2019）年９月３日金融庁「『事務ガイドライン（第三分冊：金融会社関係)』の一部改正（案）に対するパブリックコメントの結果について：コメントの概要およびコメントに対する金融庁の考え方」（以下「2019年９月３日パブコメ回答」といいます）によれば，ブロックチェーンに記録されたトレーディングカードやゲーム内アイテム等については１号仮想通貨[18]と相互に交換できる場合であっても，基本的には１号仮想通貨のような決済手段等の経済的機能を有していないと考えられるため，２号仮想通貨には該当しないとの解釈が示されている一方，NFTの仮想通貨該当性については実態に即して個別具体的に判断されるべき，との解釈が示されています。

前記の暗号資産ガイドラインおよび2019年９月３日パブコメ回答からすると，NFTは，個性があり代替性のないトークンであるという性質を有しており，通常はブロックチェーンに記録されたトレーディングカードやゲーム内アイテム等と同様，Bitcoinのような支払手段としての経済的機能を有しないことから，１号暗号資産と同等の経済的機能を有しないものとして，２号暗号資産には該当しないことが一般的と考えられます。

## ⑶　ガチャと賭博該当性

GameFiにおいても，従来のソーシャルゲームと同様，ゲーム内通貨等の対価を支払い，ランダムで希少性のあるゲームアイテム等が入手できる仕組みである，いわゆる「ガチャ」の仕組みが採用される場合があります。このようなガチャの仕組みを用いてNFTを販売する場合，賭博罪（刑法185条）に該当しないかが問題となります。

「賭博」の定義は，刑法上明示されていませんが，(i)偶然の勝敗により(ii)財物の(iii)得喪を争う行為をいうものと解されています。

(18)　現行資金決済法下における「暗号資産」と同義です。以下，本項において同様です。

この点について，(i)「偶然」とは，当事者において確実に予見できず，または自由に支配し得ない状態をいい，主観的に不確定であることが必要とされています。また，当事者の技量等が勝敗の結果に影響を及ぼす場合であっても，多少とも偶然の事情により勝敗が左右されうるような場合には(i)「偶然」の要件が認められると解されています。

また，(ii)財物とは，有体物または管理可能物に限らず，広く財産上の利益であれば足り，債権等を含むと解されています。

そして，(iii)「得喪を争う」とは，勝者が財物を得て，敗者がこれを失うことを意味し，当事者の一方がこれを失うことがない場合は，「得喪を争う」ものには該当しないと解されています。

NFTは，代替性がなくそれぞれが個性を有するトークンであり，ガチャの仕組みによりランダムで市場価値の高いNFTや低いNFTを購入することとなる場合，(i)「偶然」の要件を充足すると考えられます。また，NFTには財産的な価値が認められるため，(ii)「財物」にも該当します。

もっとも，ガチャの仕組みを用いてNFTを販売する場合であっても，たとえば，販売者は自らが設定した販売価格に相当する対価の支払を受けることとなりますので，購入者において，その販売価格に応じたNFTを獲得していると評価できる事情があれば，当該NFTの販売は(iii)購入者が販売者との間で財産上の利益の得喪を争うものではなく，賭博罪に該当しないと整理しうると考えられます（一般社団法人日本暗号資産ビジネス協会「NFTビジネスに関するガイドライン（第２版）」４－２－２参照）。

## (4)　GameFiと景品表示法上の景品類規制

従来のソーシャルゲームなどと同様，GameFiにおいても，ログインや当該ゲーム内アイテム等の購入等一定の条件を満たしたユーザーにゲームキャラクターやアイテムを表章するNFTや暗号資産等（以下，総称して「報酬」といいます）を配布したり，当該ゲーム内のクエストやイベントの結果に応じて報酬を提供したりするケースが見受けられます。そこで，これらの報酬が，ブロックチェーンゲーム関連の取引を誘引するものとして，景品表示法上の「景品類」

に該当し，景品類に係る限度額規制の適用を受けないかが問題となります。

### ①「景品類」該当性

景品表示法による規制対象となる「景品類」とは，(i)顧客を誘引するための手段として，(ii)事業者が自己の供給する商品・サービスの取引に付随して提供する，(iii)物品，金銭その他の経済上の利益をいい（同法２条３項)，「景品類」に該当する場合は，景品表示法に基づく景品規制が適用されます。

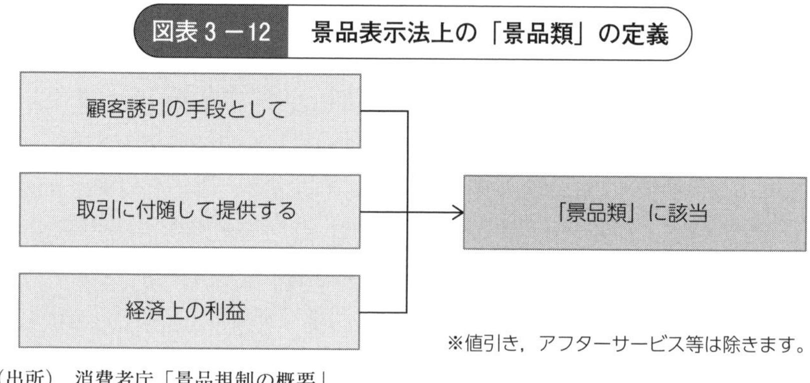


（出所）　消費者庁「景品規制の概要」

まず，(i)「顧客を誘引するための手段」かどうかは，提供者の主観的意図やその企画の名目とは関係なく，客観的に顧客誘引のための手段になっているかどうかによって判断されます。

次に，(ii)「事業者が自己の供給する商品・サービスの取引に付随して」について，取引を条件として他の経済上の利益を提供する場合は，「取引に付随」する提供に当たります。また，取引を条件としない場合であっても，経済上の利益の提供が，取引の相手方を主たる対象として行われるときは，「取引に付随」するとされています。

これに対して，正常な商慣習に照らして取引の本来の内容をなすと認められる経済上の利益の提供は「取引に付随」するものではないとされており，たとえば，パチンコの景品，カフェのコーヒーに添えられる砂糖やクリームなどがこれに該当します（「景品類等の指定の告示の運用基準について」（昭和52年４月１日事務局長通達第7号）4項(2))。

そして，(iii)「物品，金銭その他経済上の利益」については，そのための特段の出費を要しないで提供できる物品等であっても，または市販されていない物品等であっても，提供を受ける者の側からみて，通常，経済的対価を支払って取得すると認められるものは，「経済上の利益」に含まれるとされています。

以上の定義を踏まえますと，たとえば，ゲームへのログイン等を条件として無償で報酬としてゲームキャラクター等を表章したNFTを配布する場合，ゲームを継続して利用してもらい，かつ他のゲーム内アイテムの購入等を促すものと考えられるような場合には，基本的に(i)「顧客を誘引するための手段」に該当し，当該購入に係る(ii)「取引に付随」するものといえ，配布される報酬であるNFTは通常それ自体財産的価値を有すると考えられることから，(iii)「経済上の利益」にも該当し，当該報酬は「景品類」に該当すると考えられます。

これに対して，ゲーム内のクエストやイベントの結果に応じて報酬を提供する場合，ゲームプレイを通じてクエストやイベントをクリアし，当該報酬を獲得することが取引の本来の内容をなすと認められるのであれば，当該報酬の提供は「取引に付随」するものではなく，「景品類」に該当しないと整理することも可能と思われます。

### ② 過大な景品類の提供規制

景品表示法は，過大な景品類の提供を禁止しており，景品類の提供の態様によって，提供できる景品類の最高額や総額がそれぞれ規制されています。その概要は**図表3－13**のとおりです。

NFTを「景品類」として提供する場合，当該NFTの価格を，その提供方法に応じて**図表3－13**の景品類限度額の範囲内にとどめる必要があります。もっとも，ゲームキャラクター等を表章するNFTは代替可能性のないブロックチェーン上で発行されるデジタルトークンであり，希少性が認められ個々に市場価値がつけられるという特徴を有することから，当該NFTの価額をどのように算定するかが問題となります。

この点，「景品類の価額の算定基準について」（昭和53年11月30日事務局長通達第9号）1項によれば，景品類と同じものが市販されている場合は，景品類の提

図表3－13　景品類の提供に係る景品類限度額

| | 一般懸賞 | | 総付景品 | |
|---|---|---|---|---|
| 提供方法 | 商品・サービスの利用者に対し，くじ等の偶然性，特定行為の優劣等によって景品類を提供すること | | 懸賞によらず，商品・サービスを利用したり，来店したりした人にもれなく景品類を提供すること | |
| 景品類限度額 | 最高額 | 総額 | 最高額 | 総額 |
| | 取引価額が5,000円未満の場合 取引価額の20倍 | 売上予定総額(※)の20% | 取引価額が1,000円未満の場合 200円 | － |
| | 取引価額が5,000円以上の場合 10万円 | | | |

（※）「売上予定額」とは，懸賞販売実施期間中における対象商品の売上予定総額をいいます。

供を受ける者が，それを通常購入するときの価格によることとされています(19)。

これに対して，景品類と同じものが市販されていない場合は，景品類を提供する者がそれを入手した価格，類似品の市価等を勘案して，景品類の提供を受ける者が，それを通常購入することとしたときの価格を算定し，その価格によることとされています。この点，報酬として付与されるNFTはその性質上基本的には同じものが市販されていないと考えられますが，その場合，報酬の提供者が当該NFTを入手した価格，類似のNFTの市場価格等を勘案して，当該NFTの付与を受けるユーザーが，それを通常購入することとしたときの価格を算定した上で，その価格を基準として過大な景品類の提供に該当しないかを判断する必要があるものと考えられます。

---

(19)　なお，株券等のように価格が変動するものを提供する場合は，当該景品が提供される時点における価格により算定することと解されています（西川康一『景品表示法（第6版）』（商事法務，2021年）220～221頁）。

## (5) GameFiとファンド規制

前記6(1)のとおり，GameFiによっては，NFT保有者がスカラーに対して自らが保有するNFTを貸し出し，当該NFTを利用してゲームプレイで得た利益をNFT保有者とスカラーとで分配する仕組みであるスカラーシップを採用するケースがあります。

スカラーシップにおいては，NFT保有者はスカラーに対してゲームNFTを貸し出してゲームをプレイさせることにより，自らゲームをプレイすることなく利益を獲得することが可能となるとともに，ゲームNFTを購入するための初期投資が困難なプレイヤーにとってもスカラーとしてNFTを利用してゲームをプレイすることにより利益を獲得することが可能となります。

図表3－14 スカラーシップの概要

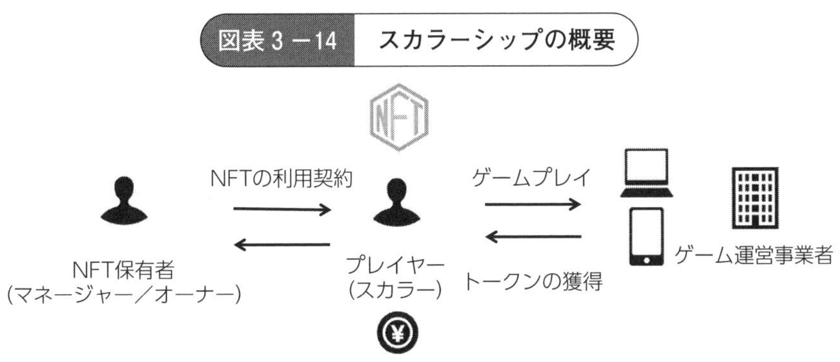


このように，スカラーシップにおいては，NFT保有者とスカラーとの間で，NFT保有者が保有するゲームNFTの利用に関する契約（以下「NFT利用契約」といいます）の締結が必要となります。もっとも，NFT保有者が個別にスカラー候補者との間でNFT利用契約締結に向けた交渉を行うことはコストも時間も要します。そのため，NFT保有者とスカラーとの仲介サービス等を提供する役割を担う者（「ギルド」と呼ばれることがあります）も登場しています。

このように，ギルドが介在するスカラーシップにおいては，NFT保有者は，ギルドを通じてスカラーに対して自らが保有するゲームNFTを利用させ，そ

図表３－15　スカラーシップとギルド

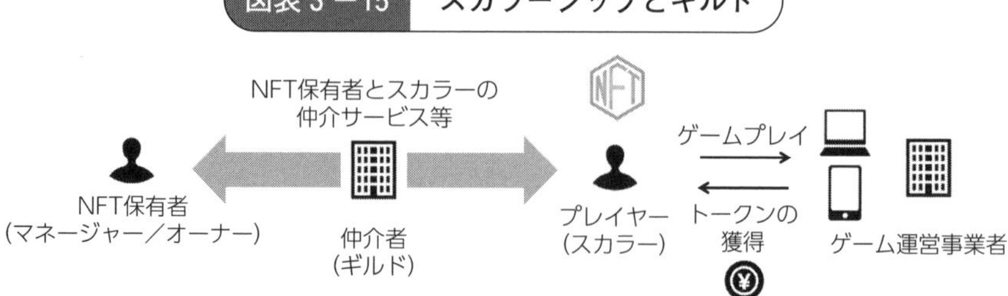


の見返りとしてスカラーがゲームプレイで獲得した利益の分配を受けることとなります。そのため，このような仕組みが，実質的に「出資又は拠出をした金銭…を充てて行う事業…から生ずる収益の配当又は当該出資対象事業に係る財産の分配を受けることができる権利」である集団投資スキーム持分（金商法２条２項５号）に該当し，金商法の規制対象とならないか，NFT利用契約の法的性質の分析も含め，慎重な検討が必要になると思われます。

# DAOと法規制

## (1) DAOの概要

### ① DAOとは

近年，DAO（Decentralized Autonomous Organization，一般に「分散型自立組織」や「自律分散型組織」と訳されます）と呼ばれる，ブロックチェーン技術を利用した新しい組織形態が世界的に注目を集めています。デジタル庁によると，DAOとは，「運営会社や代表者・取締役会などが存在せず，参加者が自律的に運営を行う組織である」と指摘されていますが（デジタル庁「デジタル社会の実現に向けた重点計画」（令和４年６月７日）55頁），現時点において明確な定義は存在しません。もっとも，DAOと呼ばれる組織は株式会社などの伝統的な企業と比べて，一般に以下の特徴を有する，と指摘されています（クニエ・分散型金融システム報告書８頁）。

- 運営する会社や代表者・取締役会などが存在せず，参加者が自律的に運営を行う組織である。
- 組織の運営ルールがスマートコントラクトによってコード化されている。
- ガバナンストークンなどと呼称されるトークンに紐づく形で一種の議決権（投票権）がトークン保有者に付与され，組織・コミュニティにおける一定の意思決定について，スマートコントラクトのルールに基づいて投票が行われる。
- 複数の国に所属する参加者がグローバルに活動する組織であり，また必ずしも管理法人が明確でないため，組織が所属する国や地域が特定されない。

このように，DAOは，ガバナンストークン保有者がスマートコントラクトを活用して意思決定・組織運営を行うことを特徴としていますが，同様に取引の自動執行と組織としての意思決定においてスマートコントラクトを活用するDeFiの中にはDAOによって運営がなされることがあります。

DAOの具体的な事例としては，2015年11月にドイツ企業Slock.it社が立ち上げた投資組織ファンド「The DAO」が挙げられます。「The DAO」は営利目的で組成されましたが，2016年６月の資金流出事件により解散しました。また，現在ではMakerDAOのように運営会社（Maker Foundation）を解散して分散度を高めるようなケースもみられます。他方で，DAOと称しているだけで実際には自律的な運営がなされていないケースも多いことが指摘されています（クニエ・分散型金融システム報告書８頁）。

### ②　近年のDAOをめぐる議論・動向等

DAOについては，近年，世界各国で議論が活発化しており，たとえば，2021年６月に，COALA（COALITION OF AUTOMATED LEGAL APPLICATIONS）[20]がThe DAO Model Law[21]を公表しています。これは，特に既存の法令等に準拠していない無登録型のDAO（Unwrapped（アンラップド）DAO）について，その法的不確実性を，当該モデルローの条項を通じて解決しようとするものです。

また，同年７月には，米国ワイオミング州においていわゆるDAO法が施行され（後述の**コラム**参照），さらに，同年10月には，豪州議会上院における技術と国際金融センターに関する特別委員会がDAOの法的位置付けの明確化に係る提言を含む最終報告書[22]を公表しています。

日本では，金融庁「デジタル・分散型金融への対応のあり方等に関する研究会」において，DeFiに関する議論の中でDAOについても言及されています。また，2022年６月７日付で公表されたデジタル庁「デジタル社会の実現に向けた重点計画」の「スマートコントラクトとDAOの法的位置付けの整理」では，

---

(20)　https://coala.global/

(21)　https://www.lextechinstitute.ch/wp-content/uploads/2021/06/DAO-Model-Law.pdf

(22)　https://parlinfo.aph.gov.au/parlInfo/download/committees/reportsen/024747/toc_pdf/Finalreport.pdf;fileType=application%2Fpdf

「国内外のDAOについて，社会貢献活動や地域コミュニティといった具体的なユースケースや法人格との関係について調査し，現行法での位置付けや利活用に当たっての課題を整理する」ことが施策として挙げられています(23)。

## (2)　DAOに関する法的議論

### ①　DAOの法的位置付け

日本法上，DAOの法的位置付けを明確にした法令等は存在しませんが，DAOの法的位置付けに係る議論は，たとえば，法律・訴訟行為の当事者や許認可の取得主体となることの可否，DAOおよびその参加者・構成員（例：ガバナンストークンを保有する自然人等）の法的責任の有無等に係る論点にとどまらず，前記**1**におけるトラストポイントや今後の立法の要否に係る議論にも影響を与えうると考えられます。そこで，以下では，前記**7**(1)①記載のDAOの特徴を前提に，DAOが現行の法制度上組成可能か否か，組成可能だとしてもDAOが有する特徴との親和性を欠くか否かという観点から，DAOの法的位置付けを検討します。

まず，日本において，DAOを法人として組成するのであれば，いわゆる法人法定主義に従い，既存の法令に基づいて組成する必要があります（民法33条）。法人格を有する組織形態としては，株式会社，合同会社・合資会社・合名会社等の持分会社，一般社団法人・財団法人等が考えられ，そのうち株式会社，合同会社および一般社団法人の特徴に関しては**図表３－16**で整理しています。

この点，DAOがその参加者によって自律的に運営が行われるという特徴を有することに鑑みると，所有と経営が分離され，取締役会（取締役）や理事会など中央集権的な管理機関が存在する株式会社や一般社団法人等はDAOの特徴には馴染まないといえます。これに対し，合同会社等の持分会社は，中央集権的な管理機関が存在せず，社員の多数決により業務執行の決定が行われる点では，参加者による自律的運営というDAOの特徴と親和性があると考えられます。

(23)　https://www.digital.go.jp/assets/contents/node/basic_page/field_ref_resources/5ecac8cc-50f1-4168-b989-2bcaabffe870/d130556b/20220607_policies_priority_outline_05.pdf

**図表３－16　法人格を有する主な組織形態**

| | 株式会社 | 合同会社 | 一般社団法人 |
|---|---|---|---|
| 所有と経営の関係 | 分離 | 原則一致 | 分離 |
| 構成員 | ・株主（会社と株主間の株式引受契約等）<br>・株主名簿に株主の氏名および住所等を記載 | ・社員（会社と社員が締結する出資契約等）<br>・定款に社員の氏名および住所等を記載 | ・社員（法人と社員が締結する社員契約等）<br>・定款に設立時社員の氏名および住所等を記載 |
| 業務執行の決定（原則） | 取締役，取締役会等 | 原則，社員の多数決 | 理事会 |
| 対外的な権利義務関係 | 法人に帰属 | 法人に帰属 | 法人に帰属 |
| 構成員としての責任 | 有限責任 | 有限責任 | 有限責任 |
| 持分の譲渡・脱退 | 株式の譲渡は，譲渡制限の定めがない限り自由 | ・原則，持分の譲渡は，他の社員全員の同意が必要 | 原則いつでも退社可能 |
| 根拠法 | 会社法 | 会社法 | 一般社団法人及び一般財団法人に関する法律 |

もっとも，合同会社等の持分会社においては，その定款に絶対的記載事項として社員の氏名および住所を記載し，社員の変更の都度，定款変更を必要とします（会社法576条１項４号）。この点，DAOは，参加者が複数の国に所属する可能性があり，かつ（ガバナンストークンを介して）参加者の地位が流動的であるという特徴を有することに鑑みると，当該参加者の変更の都度，定款変更を行うのは事実上不可能に近いと考えられます。

したがって，現在の日本法上，各法制度に従い法人を組成することは可能であるとしても，当該法人として組成されるDAOは，前記**7**(1)記載の特徴を有していない可能性が高いと考えられます。

次に，法人格を有しない組織形態としては，有限責任事業組合，民法上の任意組合，権利能力なき社団等が考えられ，その主な特徴に関しては**図表３－17**で整理しています。

図表３－17　法人格を有しない主な組織形態

| | 有限責任事業組合 | 民法上の任意組合 | 権利能力なき社団 |
|---|---|---|---|
| 所有と経営の関係 | 一致 | 一致（一部の者に業務執行の委任可能） | － |
| 構成員 | ・組合員（組合員間で締結する有限責任事業組合契約）<br>・組合員の氏名および住所等の登記必要 | 組合員（組合員間で締結する組合契約） | －<br>（通常，内部規則等のルールに従い構成員として加入可能） |
| 業務執行の決定（原則） | 組合員全員の同意 | 組合員の多数決 | 構成員の多数決 |
| 対外的な権利義務関係 | 原則，組合員全員に合有的に帰属 | 原則，組合員全員に合有的に帰属 | 構成員全員に総有的に帰属 |
| 構成員としての責任 | 有限責任 | 無限責任 | 総有財産のみ責任財産 |
| 持分の譲渡・脱退 | ・地位の譲渡は，他の組合員全員の同意があれば可能<br>・任意の脱退は，原則，やむを得ない事由がある場合にのみ可能 | ・地位の譲渡は，他の組合員全員の同意があれば可能<br>・任意の脱退は可能（ただし他の組合員全員の同意がなければ組合に不利な時期に脱退できない） | ・構成員の持分なし<br>・脱退は，通常，内部規則等のルールに従い，脱退可能 |
| 根拠法 | 有限責任事業組合契約に関する法律 | 民法 | －（判例（※）） |

（※）　最判昭和39年10月15日民集第18巻８号1671頁。

この点，有限責任事業組合や民法上の任意組合は，中央集権的な管理機能が存在せず，組合員で業務執行の決定を行う点では，参加者による自律的運営というDAOの特徴と親和性があると考えます。もっとも，有限責任事業組合は，たとえば，任意脱退が制限的である点や組合員の氏名および住所等の登記を要する点等で，参加者が複数の国に所属する可能性があり，かつ参加者の地位が流動的であるというDAOの特徴に馴染まないと考えられます。また，民法上の任意組合も任意脱退が制限的である点では同様にDAOの特徴と相容れず，このほか，組合員が無限責任を負う点に関しても前記7(1)記載の特徴を有するDAOには馴染まないといえます。

他方，権利能力なき社団に関しては，その組成について法定されておらず，団体としての組織性，多数決の原則等の要素を充足していれば足り，また内部規則等のルール次第で構成員の変更等も比較的自由であることから，前記7(1)記載のDAOの特徴と親和性が高いと考えられます。もっとも，権利能力なき社団は，法定されていないがために，その法的位置付けは不安定であり，組成者の意思にかかわらず，裁判等で別の法的位置付け（例：民法上の任意組合）を決定されてしまう可能性があります。

以上の検討を踏まえると，形式的に“DAO”という組織を日本の法形式に当てはめて組成可能であるとしても，前記7(1)の特徴を有するDAOを組成することは事実上または法律上困難を伴うものと考えられます。それゆえ，日本において，前記7(1)の特徴を有するDAOを，法的安定性を備えた形で組成可能とすることを目指すのであれば，現行法制度の改正または立法措置等を見据えた議論が必要であると考えられます。

なお，DAOに係るプロジェクトの初期においては，将来の分散化を見据えてその準備（例：資金調達やプロダクトの開発等）を効率的に遂行するために，法人その他中央集権的な組織を組成する場合があります。この点，当該組織は準備段階としての組織であることから，必ずしも前記7(1)の特徴を有している必要はないと考えられます。将来的に当該準備段階の組織を解散して分散化を図ることを想定するのであれば，その組織形態は基本的に自由であり，上記のような検討をあえてする必要はないものと考えられます。

### ② DAOと金融規制

DAOに係るプロジェクトにおいては，前記7(1)のとおりガバナンストークンが発行されるケース，DEX，レンディングプラットフォーム，トークン発行プラットフォーム等のDeFiが提供されるケースがあります。

この点，当該プロジェクト上で発行されるトークンの金融規制上の分類（例：暗号資産や電子記録移転権利該当性等）および当該DeFi等の機能・仕組み次第では，これらのDeFi（の機能・仕組み）は，金融商品取引業や暗号資産交換業等に該当する可能性がありますが，かかる論点に関しては前記**2**や前記**3**をご参照ください。

また，仮にDAOが運営し，提供するDeFi（の機能・仕組み）が金融商品取引業や暗号資産交換業に該当する場合，誰が規制の名宛人か，は別途問題となり得ます。この点，DAOが既存の法制度上の法人その他組織に該当し，当該組織がDeFiとの関係で中央集権的な役割を担っている場合には，当該DAOがトラストポイントと評価され，規制の名宛人となる可能性が高いと考えられます。

また，仮にDAOが既存の法制度上の法人その他組織に該当しない場合や当該法人その他組織を解散した場合でも，それをもって直ちに金融規制の対象外となるわけではありません。たとえば，自然人であっても金融規制上の業規制違反を問われうること（金融規制上の業規制違反の主体は法人に限定されないこと）に鑑みると，当該自然人がDeFiとの関係で担う役割次第ではトラストポイントになりうる可能性を否定できないと思われます。

なお，金融庁「デジタル・分散型金融への対応のあり方等に関する研究会（第６回）」資料３「事務局説明資料（DeFiのトラストポイント）」４頁によれば，Makerの事例に関して，その運営会社（Maker Foundation）の解散後においても，以下の**図表３－18**のとおり，キーパー（裁定取引のために動く外部エージェント），関連法人（例：DAI Foundation），ドメインチーム（Makerプロトコルの管理等を行うために存在するコミュニティ内のチーム）等がトラストポイントとして検討対象になりうることが指摘されている点にも留意が必要です。

## 図表３－18　Makerとトラストポイント

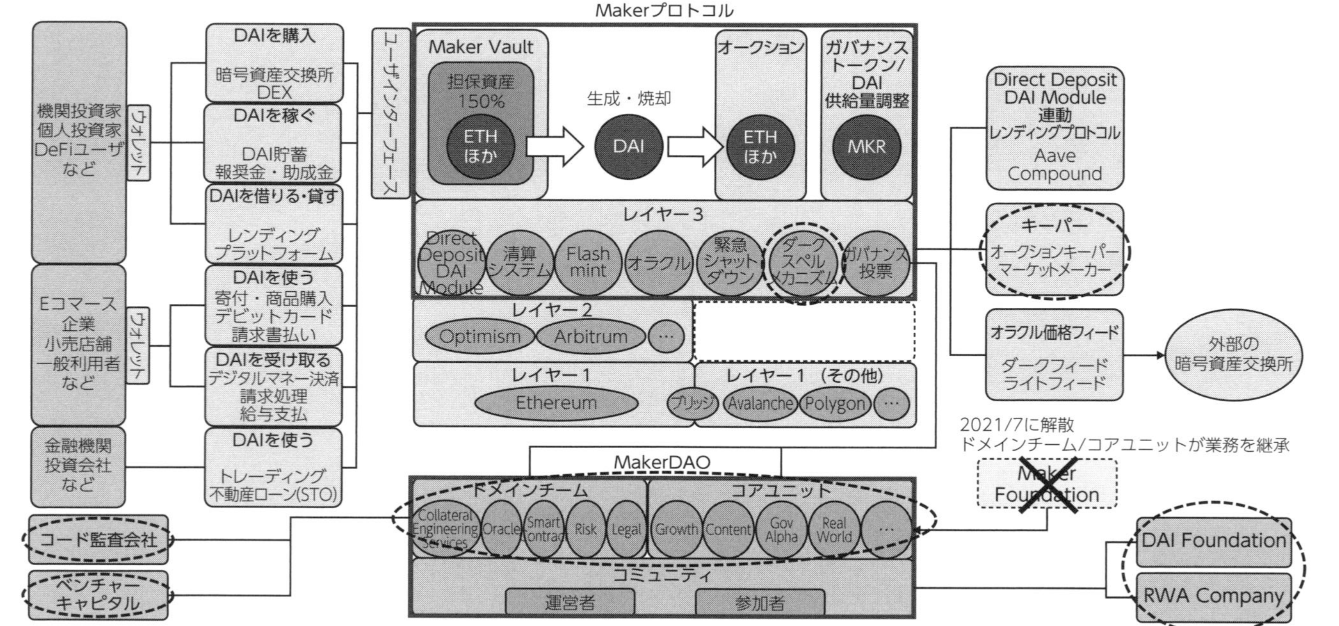


（出所）　金融庁「デジタル・分散型金融への対応のあり方等に関する研究会」（第６回）資料３「事務局説明資料（DeFiのトラストポイントに関する分析）」４頁参照

## コラム・米国ワイオミング州DAO法

米国ワイオミング州では，2021年７月に，世界で初めてDAOに法人格を与える法制度（以下「DAO法」といいます）が施行されました。ここでは，当該制度の概要について説明します。なお，DAO法は，2022年３月９日にその内容の一部が改正されています。

### １．DAO法の位置付け

DAO法において，「DAO」は「この章に基づき設立された有限責任会社」（“limited liability company organized under this chapter”，W.S. 17-31-102(a)(ii)）と定義されています。すなわち，第17章第31編において規定される各要件を満たして設立された有限責任会社が，ワイオミング州において法人格を有するDAO（以下「DAO法人」といいます）ということになります。DAO法では，有限責任会社法（The Wyoming Limited Liability Company Act）はDAO法に矛盾しない限度において適用されると規定されており（W.S. 17-31-103），DAO法は有限責任会社法の特則と位置付けられています。

### ２．DAO法人設立要件

DAO法に基づくDAO法人として設立するための要件は，第17章第31編104条以下に規定されており，たとえば，定款には下記の事項を記載することが定められています。

(i)　DAOである旨

(ii)　DAOが通常の有限責任会社と異なり持分権者の信任義務や保有する権利の処分，脱退などについて一定の制限が課されうるという趣旨が記載された定型文言

(iii)　DAOの管理，促進，運営に直接使用されるスマートコントラクトの識別子。登録時にフォームに記載していない場合，登録日から30日以内に当局に提出する必要がある。

(iv)　当該DAOがどの程度までアルゴリズムに従って運営が実行されるのかを含め，参加者によってどのような運営がされるのかについての事項

(v)　参加者の権利義務やDAOの活動内容，脱退，解散前の配当，定款変更などのDAOに関連する事項

また，DAO法人の名称には，「DAO」，「LAO」または「DAO LLC.」のいずれかを入れなければなりません。

### 3．登録手続

DAOを法人として実際に登録するには，オンラインで必要な情報を入力・提出し，または紙のフォームを提出することによって行う必要があります（https://sos.wyo.gov/Business/Docs/DAOs_FAQs.pdf（Decentralized Autonomous Organization（DAO）：Frequently Asked Questions）参照)。なお，登録者がワイオミング州に居住している必要はありませんが，登録のためには，ワイオミング州に住所を有するなど一定の要件を満たした登録代理人（registered agent）が必要です（W.S. 17-31-105(b)）。また，外国のDAOをDAO法人として登録することは認められません（W.S. 17-31-116)。

### 4．DAO法人参加者の権利義務

まず，参加者は信義誠実義務を負う一方で，信任義務（fiduciary duty）は負わないこととされています（W.S. 17-31-110)。また，投票権は各参加者の出資額に応じて分配され，出資がないDAO法人においては，各参加者が1を有するとされています（W.S. 17-31-111)。そして，ブロックチェーン上において公表されている限り，参加者は財務書類等の閲覧請求権を有しないとされていることも特徴的です（W.S. 17-31-112)。

### 5．脱退・解散

参加者の脱退については，2021年のDAO法制定当初は，定款等に脱退に関する規定のない場合，参加者の脱退には参加者間の決議が必要であり，当該決議の定足数は議決権を行使できる参加者の議決権の過半数以上の割合とするものとされていましたが，2022年のDAO法改正により，定款，スマートコントラクトまたはオペレーション契約で任意に定めることができるようになりました。これらに特段の規定がない場合は，参加者が自身の持分権，議決権，または経済的権利の元となる財産をすべて譲渡したときに脱退することとされています（W.S. 17-31-113(d)(ii))。

解散については，1年の間DAO法人が何らの提案も承認せず，行動も起こさなかった場合に解散するとされています（W.S. 17-31-114(a)(iv))。また，参加者に自然人がいなくなったことも解散要件とされています（W.S. 17-31-114(a)(v))。

第 4 章

# DeFiと会計

# 1 会計上の取扱いに関する前提

## (1) はじめに

本書**第１章**から**第３章**で説明されているように，日本でもDeFiが利用される機会が増えつつあり，DeFiに対する認知度も徐々に高まっています。しかし，DeFiプラットフォームに参加し，サービスを利用するには，まずブロックチェーンにおいて取引ができる暗号化技術が利用された資産（以下「暗号資産等」といいます）[(1)]を保有していることが前提となります。この点，日本では，企業が暗号資産等を保有する事例は現時点では少ないため，企業がDeFiを利用する実例についても多く聞かれません。

実際，日本においてDeFiを利用しているのは，暗号資産やブロックチェーンに関心を有する個人がほとんどなのではないでしょうか。このため，DeFiのサービスについて会計上の取扱いは会計基準等において明らかにされていないほか，明らかにすべきとの要請もさほど強くありません。また，実務でも会計処理や開示について詳細な検討がされている事例は多くないと考えられます。

他方，企業がDeFiを利用する場合，会社法における計算書類等の作成義務（会社法435条２項）との観点から，会計処理や開示の検討が不可欠となります。また，会計処理のあり方は，法人税法22条や22条の２の定め[(2)]の適用等を通じて法人税における所得の計算に影響が生じる可能性もあります。こうした点を踏まえ，以下において，DeFiに関する会計上の取扱いについて解説します。

---

(1) 本章において，「暗号資産等」には資金決済法で定義されている「暗号資産」のほか，同法で定義されている「電子決済手段」も含めています。他方，「金融商品取引業等に関する内閣府令」１条４項17号に規定される「電子記録移転有価証券表示権利等」については対象としていません。

DeFiに関する会計上の取扱いは，DeFiの運営者に係るものとDeFiの利用者に係るものとに区分することが可能です。しかし，DeFiはそもそも運営者の存在を極力排除するようなメカニズムであり，企業がDeFiの運営者となる事例は極めて限定的と考えられます。このため，本章では，**図表4－1**のように，DeFiサービスを利用する企業の会計上の取扱いに焦点を当てることとします。

**図表4－1　本章の対象**

| DeFiを運営する企業における会計実務 | DeFiサービスを利用する企業における会計実務（本章の対象） |
|---|---|

## (2)　DeFiを利用する取引の特徴

現時点で，DeFiについて普遍的な定義は示されていません。また，DeFiはDecentralized Financeといいながらも，実際には，中央における管理者が全くおらず，サービスの運営や管理のあり方（プロトコル）の決定や実行に関する権限が完全にDecentralizedされている事例はほとんどありません。さらに，DeFiのサービスは，比較的著名なものに限定しなければ，相当数多く存在し，サービスの性質も多岐にわたります。このため，対象を明らかにすることなく，「DeFiに関する会計上の取扱い」について説明することは困難と考えられます。

この点，2022年2月に金融安定化理事会（Financial Stability Board，FSB）から公表された報告書「Assessment of Risks to Financial Stability from Crypto-assets」（以下「FSB報告書」といいます）および2022年3月に証券監督者国際機構（International Organization of Securities Commissions，IOSCO）から公表された報告

(2)　法人税法22条4項では，法人の各事業年度の所得の金額の計算について，別段の定めによって税法独自の計算方法を定めているもののほかは，「一般に公正妥当と認められる会計処理の基準」に従った会計処理をしていれば，その会計処理が認められるとされています。また，企業会計基準委員会から公表された企業会計基準第29号「収益認識に関する会計基準」等を踏まえ，資産の販売等に係る収益の額に関する通則として，法人税法22条の2が定められています。

書（以下「IOSCO報告書」といいます）において，DeFiについて，伝統的な金融市場やその運営企業（Traditional Financeまたは「Trad-Fi」といいます）と対比した上で，その特徴が整理されています。

これらの報告書における記述を踏まえると，DeFiについて**図表４－２**のように整理することができます（詳細は**第３章５**(2)，(3)も参照）。

**図表４－２　DeFiの概要**

| 区　分 | 説　明 |
|---|---|
| 主な説明 | 金融サービスの提供にあたって，分散台帳技術（パブリックブロックチェーン）とスマートコントラクトを用いて，仲介者の存在が必要なくなるように企図されているもの |
| 特　徴 | DeFiは，Trad-Fiとの対比で以下の点が特徴的といえる。<br>• オープンソースの技術を利用するため，技術的な専門知識があれば，誰でもソースコードを読み取ることが可能であること（Openness）<br>• 信用のメカニズムを不要とするため，プラットフォームの利用にあたって担保の提供が必要であるほか，証拠金について強制的な精算の仕組みが必要になること（Trustless）<br>• プロトコルの要求に準拠する限り，サービスの利用にあたって第三者による承認が不要であること（Permissionless）<br>• DeFiサービスの運営や管理のあり方に関して，ガバナンストークンを発行し，同トークンの保有者による投票で意思決定がされることが多いこと（Claims of decentralized ownership and governance structure） |

（出所）　FSB報告書およびIOSCO報告書の記述を踏まえ，筆者が作成（下線は筆者によるもの）

上記を踏まえると，会計上の取扱いを整理する上では，特に以下の点に留意することが重要と考えられます。

①　DeFiは基本的にパブリックブロックチェーンにおけるスマートコントラクト（多くの場合，Ethereum（イーサリアム）ベースのワークブロックチェーンにおいてERC-20トークン(3)によるもの）を利用して取引が実行されるため，取引の実施にあたっては，「トークン」の利用が前提となる。DeFiを利用する取引の実行にあたっては，特に参照資産（主に，法定通貨）の価値との連動を可能にするために「ステーブルコイン」が利用されることが

多くある。

② DeFiサービスの運営や管理に係る意思決定を中央における管理者を必要とすることなく実施する観点から,「ガバナンストークン」が発行されることが多くある。ガバナンストークンは,保有者が議決権を保有できるようになるという点で,会社法上の普通株式と類似するものの,他方で剰余金の配当や残余財産の分配に関する請求権(会社法105条)は通常付与されていないため,株主との権利は異なる。また,ガバナンストークンは議決権行使のためだけに保有されるものではなく,投機的に保有されることがある。

## (3) DeFiを利用する取引形態の分類

本書**第1章**から**第3章**の内容およびFSB報告書やIOSCO報告書を踏まえると,DeFiを利用する取引は主に以下のような形態に分類できます。

- 暗号資産等の貸借
- 暗号資産等の交換
- 暗号資産等の取引に関する保険[(4)]
- 暗号資産等を用いた資産運用

DeFiによる取引の規模は,売上高等によって測定されないため,しばしばTVL(Total Value Locked)によって測定されます。この点,公表されている統

---

(3) ERC-20は,Ethereum(イーサリアム)ブロックチェーンを用いて作成された代替性のあるトークン(Fungible Token)に係る技術的仕様です。これは,2015年に開発者から,Ethereum Request for Comments 20として提案されたもので,頭文字をとって「ERC-20」と呼ばれています。

(4) DeFiを利用する取引では,従来中央の管理者が担っていたリスクをDeFiサービスの参加者が負担することがあります。たとえば,暗号資産交換業者に預けていた暗号資産が盗難された場合,当該交換業者が払戻しに応じることが多くありましたが,DeFiサービスの利用にあたっては取引参加者が自らウォレットを管理することが前提とされているため,多くの場合,ハッキングリスクや取引が実行されないリスク(Fail Risks)等を自身で負う必要があります。暗号資産等の取引に関する保険はこうしたリスクを担保するためのものです。

計情報[5]によると，暗号資産等の貸借取引，暗号資産等の交換取引の取引規模が多くなっています。

このため，本章では，DeFiを利用する取引の特徴に留意しつつ，特に上記取引に着目して解説します。

(5) たとえば，DeFi Pulseにおける統計データが挙げられます。

# 2 日本の会計基準における取扱い

## (1) 暗号資産等に関する会計上の取扱い（全体像）

前述のとおり，DeFiサービスの利用にあたっては暗号資産等の利用が前提となります。この点，日本の会計基準では，暗号資産等について，資金決済法における位置付けを踏まえた整理がされています。2022年6月に成立した改正資金決済法で示されている区分を踏まえると，**図表4－3**のように整理できます。

**図表4－3　資金決済法上の区分を踏まえた暗号資産等に関する会計上の取扱い**

| 資金決済法上の区分 | 会計基準における取扱い |
|---|---|
| 暗号資産 | 実務対応報告第38号「資金決済法における暗号資産の会計処理等に関する当面の取扱い」（2022年7月に最終修正版が公表）において，資金決済法上の「暗号資産」について利用者の会計処理が定められている。 |
| 電子決済手段 | 2022年7月20日に開催された第45回企業会計基準諮問会議において，金融庁から，資金決済法上の「電子決済手段」のうち「電子マネー類似型」とされているもの[(※)]を対象として，その発行・保有等に係る会計上の取扱いについて実務対応報告によって明らかにすることの提言がされている。<br>上記提言を踏まえ，企業会計基準委員会（ASBJ）における審議において，改正資金決済法の施行日（2023年5月頃）までを目途として検討を進めていくこととされている。<br>なお，電子決済手段に含まれる可能性がありうるものでも，「暗号資産担保型」のものや無担保型（アルゴリズム型）のものについては今回の検討からは分離して継続検討とするとされている。 |

(※)「電子マネー類似型」は，改正資金決済法2条5項1号から第3号で定められているものに相当するものです。詳細は，**図表4－6**を参照。
(出所) ASBJから公表されている文書等を踏まえ，筆者が作成

以上を踏まえると，日本の会計基準における暗号資産等に関する適用または検討状況について，**図表４－４**のように整理することができます。

**図表４－４　日本の会計基準における「暗号資産等」に関する適用または検討状況**

| 資金決済法上の「暗号資産」に該当するもの | 資金決済法上の「電子決済手段」のうち，電子マネー類似型のもの | 資金決済法上の「電子決済手段」に含まれる可能性があるもののうち，暗号資産担保型やアルゴリズム型に該当するもの |
|---|---|---|
|  |  |  |
| 実務対応報告第38号を適用 | ASBJが実務対応報告を公表 | 今後，必要に応じて，ASBJにおいて検討 |

（出所）　第45回企業会計基準諮問会議資料等を踏まえ，筆者が作成

## (2)　暗号資産の取得・保有・売却

資金決済法上の「暗号資産」の取得・保有・売却に関する会計上の取扱いは，2018年３月に公表された実務対応報告第38号「資金決済法における仮想通貨の会計処理等に関する当面の取扱い」において定められています。同実務対応報告は，2016年に改正された資金決済法において，「仮想通貨」が定義された上で，仮想通貨交換業者に対して登録制が新たに導入されるとともに，仮想通貨交換業者の財務諸表について公認会計士または監査法人による財務諸表監査が義務付けられたこと等を契機として定められたものです。なお，実務対応報告第38号は，2022年７月に「仮想通貨」という表記が「暗号資産」に置き換えられ，「資金決済法における暗号資産の会計処理等に関する当面の取扱い」となっています。

実務対応報告第38号における会計上の定め（暗号資産の利用者の会計処理に限ります）は，以下のような点が特徴的です（下線は筆者によるもの）。

- 「暗号資産」については，直接的に参照可能な既存の会計基準は存在しないとして，既存の会計基準を適用せず，<u>暗号資産独自のものとして新たに会計処理を定めている</u>（33項）。

- 暗号資産の取得と売却については，売却損益を売買の合意が成立した時点で認識するとしている以外は，会計基準における一般的な定めと変わるところはない（13項）。
- 他方，暗号資産を期末に保有している場合，当該暗号資産について活発な市場が存在する場合，市場価格に基づく価額をもって当該暗号資産の貸借対照表価額とし，帳簿価額との差額を損益として処理するとされている（5項）。

実務対応報告第38号の定めを踏まえると，日本の会計基準における自己が保有する暗号資産に関する会計上の取扱いは，一例として，**図表4－5**のように示すことができます。

**図表4－5　自己が保有する暗号資産の会計処理（例）**

【前提事項】

- 会社は，活発な市場が存在する暗号資産1単位を10,000円で現金により購入した。
- 期末において，暗号資産1単位の市場価格は14,000円となった。
- 会社は，翌期の期中において，会社は暗号資産1単位を12,000円で売却した。
- 購入時および売却時の手数料は，考慮しない。
- 表示科目は例示である。
- 税効果会計は考慮しない。

（取得時の会計処理）

| （借） | | （貸） | |
|---|---|---|---|
| 暗号資産 | 10,000 | 現金 | 10,000 |

（期末時の会計処理）

| （借） | | （貸） | |
|---|---|---|---|
| 暗号資産 | 4,000 | 暗号資産評価益(※) | 4,000 |

（※）　4,000（暗号資産評価益）＝14,000（期末の市場価格）－10,000（帳簿価額）

（売却時の会計処理）

| （借） | | （貸） | |
|---|---|---|---|
| 現金 | 12,000 | 暗号資産 | 14,000 |
| 暗号資産売却損(※) | 2,000 | | |

（※）　2,000（暗号資産売却損）＝14,000（帳簿価額）－12,000（売却価額）

なお，**図表４－２**「DeFiの概要」で記載したとおり，DeFiを利用するプロトコルの運用においては「ガバナンストークン」が発行され，ガバナンストークンの保有者による議決権を基礎として投票で運営方針が決定されることが多くあります。この点，日本の会計基準（実務対応報告第38号を含みます）では，ガバナンストークンに関する会計上の取扱いについて特に定められていません。このため，ガバナンストークンについても当該トークンが資金決済法上の「暗号資産」に該当する場合，その保有者は，上記と同様の会計処理をする必要があります。

## (3) 電子決済手段の取得・保有・売却

上述のとおり，2022年に改正された資金決済法上の「電子決済手段」に関する会計上の取扱いについて，ASBJにおいて実務対応報告の公表に向けて検討が進められています。この点，第45回企業会計基準諮問会議に提出された資料では，以下３つに区分して「会計処理に関する事務局の検討」として**図表４－６**のような内容が提示されていました。

- 不特定の者に対して代価の弁済に使用すること等ができる<u>通貨建資産</u>であって，電子情報処理組織を用いて移転することができる<u>財産的価値</u>（改正資金決済法２条５項１号・２号，以下「第１号および第２号電子決済手段」といいます）
- 特定信託受益権（金銭信託による受益権であって，信託財産の全部が預貯金により管理されているもの）（同項３号，以下「第３号電子決済手段」といいます）
- これらに準ずるもの（同項４号，以下「第４号電子決済手段」といいます）

以上の整理を踏まえ，ASBJは，第１号から第３号電子決済手段に関する会計処理について，それらが金銭債権や金銭信託の受益権等としての性質を有しつつも，送金，決済手段として広く流通する可能性があるほか，電子情報処理組織を用いて移転することとされている点を踏まえ，以下のような点が検討の論点になるとしていました。

- 送金や決済手段として用いられる点や，法定通貨の価値と連動した価格で

**図表４－６　電子決済手段に関する会計上の考え方（案）**

| 資金決済法上の区分 | 電子決済手段の会計上の考え方（案） |
|---|---|
| 第１号および第２号電子決済手段 | 法定通貨等をもって債務の履行等が行われる点で，金融資産（金銭債権）に該当すると考えられ，企業会計基準第10号「金融商品に関する会計基準」等が適用されることになると考えられる。 |
| 第３号電子決済手段 | 信託財産の全部が預貯金により管理されている金銭信託による受益権であり，金銭信託の受益権に該当すると考えられ，金融商品会計基準等が適用されることになると考えられる。 |
| 第４号電子決済手段 | 第１号から第３号電子決済手段に準ずるものとして内閣府令で定めるものとされているが，現時点では，具体的な要件や経済的な性質が明らかになっていないため，現時点では基準開発を行うことは困難と考えられる。<br>仮に，第４号電子決済手段の会計的な性質が「暗号資産」に類似するものである場合，第１号から第３号電子決済手段とは会計的な性質が異なると考えられ，別途検討することが考えられる。 |

（出所）　第45回企業会計基準諮問会議の資料を踏まえ，筆者が作成（下線は筆者によるもの）

発行され，発行価格と同額で償還することが想定されている点から，預金と同様に現金同等物として取り扱うか否か。

- 海外におけるいわゆるステーブルコインを用いた取引では，市場価格が存在している場合がある。仮に市場価格が法定通貨の価格から乖離することが見込まれるような場合，時価評価の対象とするか否か。また，仮に時価評価の対象としなかった場合，貸倒引当金の設定対象等とするか否か。
- 「電子記録移転有価証券表示権利等」において，発生および消滅の認識について別段の定めを設けるとされていることを踏まえ，同様の定めを設けるべきか否か。

その後におけるASBJの検討では，電子決済手段の会計処理の検討にあたって，以下のような特徴に留意する必要があるとされています。

①　電子決済手段は，送金・決済手段として利用されるものである（第１号電子決済手段と交換できるものとされている第２号電子決済手段を除く）。

- 電子決済手段は，財またはサービスの対価の支払に利用されるデジタルトークン化された財産的価値である。

② 電子決済手段の保有者は，発行者に対する直接または間接の償還権を有する。

- 第１号電子決済手段および第２号電子決済手段が通貨建資産であることおよび第３号電子決済手段が特定信託受益権（金銭信託の受益権）であることから，電子決済手段の利用者は，発行者から券面額と同額で金銭の払戻しを受けることができる。
- 電子決済手段の種類ごとおよび発行者ごとに金銭の払戻しを担保するための措置が設けられている。
- 具体的には，第１号電子決済手段の発行者が銀行の場合，自己資本比率規制や流動性比率規制により保全されている。また，発行者が資金移動業者である場合，日本銀行への履行保証金の供託が求められ，電子決済手段の発行残高のおおむね全額が保全されている。
- さらに，第３号電子決済手段については，金銭の払戻しの履行を担保する措置として，信託財産は円建てまたは外貨建ての要求払預金で他益信託として分別管理することが求められている。
- これらにより，電子決済手段の価値が法定通貨と連動し，価値の安定性が図られている。

③ 電子決済手段は，流通性があることが想定される。

- 電子決済手段取引業者を通じて電子決済手段の取引が行われる場合，流通市場が形成される可能性がある。
- 電子決済手段を市場から入手する場合，市場価格が電子決済手段の券面額と異なることがありうるが，②の記載内容を踏まえると，券面額に基づく価額と取得原価との差額がほぼ生じず，重要性がないと考えられる。

これらを踏まえ，ASBJは，電子決済手段（ただし，資金決済法２条５項における１号・２号・３号の電子決済手段に限ります）の会計上の取扱い（案）について，主に**図表４－７**の内容を，実務対応報告公開草案「電子決済手段の発行及び保有の会計処理及び開示に関する当面の取扱い」（以下「本公開草案」といいます）に向けた検討において示しています。

**図表４－７　電子決済手段の保有者による会計上の取扱い（検討中）**

| 時　点 | 各時点における会計上の取扱い（案） |
| --- | --- |
| 取得 | 電子決済手段を券面額で測定し，券面額に基づく価額と取得原価の差額がある場合当該差額を当期の損益として処理する。 |
| 移転，払戻 | 電子決済手段の帳簿価額と金銭の受取額または払戻額との間に差額がある場合，その受渡日に，当該差額を当期の損益として処理する。 |
| 期末 | 電子決済手段の貸借対照表価額は，電子決済手段の券面額に基づく価額とする。ただし，券面額により金銭の払戻しが行われることが困難になった場合など，将来の損失が見込まれる場合，引当金を計上する。 |

（出所）　本公開草案に向けた検討の内容を踏まえ，筆者作成

上記の整理を踏まえると，**図表４－８**のような会計処理が一案として考えられます。

**図表４－８　電子決済手段の会計処理（例）**

【前提事項】

- 会社は，発行体に対して日本円１円＝１単位で払戻しの請求がいつでも可能な電子決済手段10,000単位を10,001円で現金により購入した。
- 期末において，電子決済手段１単位の市場価格は0.9999円となった。
- 会社は，翌期の期中において，電子決済手段10,000単位を1.0002円／単位で売却した。
- 購入時および売却時の手数料は，考慮しない。
- 表示科目は例示である。
- 税効果会計は考慮しない。

(取得時の会計処理)

| (借) | | | (貸) | |
| --- | --- | --- | --- | --- |
| | 電子決済手段 | 10,000 | 現金 | 10,001 |
| | 電子決済手段取得損失 | 1 | | |

(※)　取得時において，電子決済手段を券面額に基づく価額で認識し，取得額との差額は当期の損益として処理する。

（期末時の会計処理）

| （借）仕訳なし | － | （貸）仕訳なし | － |
|---|---|---|---|

（※） 電子決済手段について将来の特定の損失が見込まれる状況にはないため，引当金繰入額／引当金を計上していない。

（売却時の会計処理）

| （借） 現金 | 10,002 | （貸）電子決済手段 | 10,000 |
|---|---|---|---|
| | | 電子決済手段売却益（※） | 2 |

（※） 2（電子決済手段売却益）＝10,002（売却価額）－10,000（帳簿価額）

## (4) 暗号資産等の貸借取引

DeFiを利用した暗号資産等の貸借取引には様々なものがあり，それぞれが依拠するプロトコルによって取引の内容が異なります。このため，暗号資産等の貸借取引の会計処理について一様に示すことができません。

しかし，以下では，**図表4－9**のような貸借取引のプロトコルを前提として，現時点において想定される会計処理について考察します。

**図表4－9**で記載した暗号資産等の貸借取引について会計処理を行う場合，以下のような点に留意することが重要と考えられます。

- 取引の対象とする暗号資産等が資金決済法上の「暗号資産」と「電子決済手段」のいずれに該当するかによって会計処理が大きく異なることが想定される。
- 仮に取引の対象とする暗号資産等が資金決済法上の「暗号資産」に該当する場合，実務対応報告第38号の会計処理を基礎として検討する必要があるが，同実務対応報告では，暗号資産の貸借取引に関する会計上の取扱いについては明らかにされていない。なお，検討にあたって，2020年6月に一般社団法人日本暗号資産取引協会から公表された「暗号資産取引業における主要な経理処理例示」が参考になる可能性がある。
- 仮に取引の対象とする暗号資産等が資金決済法上の第1号および第2号電子決済手段に該当する場合，暗号資産等の貸借取引を「金銭債権の貸借」として会計処理を検討することが適切である可能性がある。

**図表4－9　暗号資産等の貸借取引のプロトコル（例）**

(貸手)
- 暗号資産等（ERC-20仕様）の保有者が，利息相当の資産を得ることを目的として，貸出プール（スマートコントラクトで運営されるプロトコル）に当該暗号資産等を預け入れる。
- 暗号資産等の預け入れと同時に，貸出プールに対する自己の預入高の割合を表章する別の暗号資産等を得る。預け入れた暗号資産等は，受け入れた別の資産を差し出すことによって，預入資産に付利されたベースで引き出すことがいつでも可能である。
- 利回りは，貸出プールに預け入れられた資産が貸し出された率（使用率），最適使用率等を踏まえ，需給関係によって決定される。

(借手)
- 暗号資産等の借入にあたっては，借り入れる資産の評価額相当以上の暗号資産等を担保として預け入れる必要がある。
- それ以外については，貸手のプロトコルとおおむね同様である。

(※)　Ethereumブロックチェーンでの取引に必要なガス代は考慮していない。

このようにDeFiのプロトコルを利用した暗号資産等の貸借取引については，貸借取引が対象とする資産の性質によって会計処理は異なるほか，検討にあたって明らかでない点も多いと考えられます。ただし，仮に**図表4－9**で示したプロトコルを前提として，貸借取引の対象を資金決済法上の「暗号資産」とする場合，**図表4－10**に示した会計処理が一例として考えられます。

**図表4－10　暗号資産の貸借取引の会計処理（例）**

【前提事項】
- 会社は，暗号資産（ABC）１単位を10,000円で現金により購入した。
- 会社は，期中において，暗号資産（ABC）１単位を貸出プールに差し入れた。差入と同時に，当該貸出プールへの差入暗号資産の割合を表象する別の暗号資産（w-ABC）を受領した。
- 期末時において，暗号資産（ABC）／単位は10,500円になった。なお，同時点において暗号資産がハッキングされた等の事態は生じていない。貸出プールに差し入れた暗号資産に関連して，元本×0.5%（0.005単位）が利息に相当するものとして付利されている。

- その後，差入時点で受領した暗号資産（w-ABC）を差し出し，差し入れた暗号資産（ABC）を貸出プールから引き出した。引き出しにあたって，貸出プールに差し入れた暗号資産に関連して，元本×２％（0.02単位）が利息相当として確定した。同日において，暗号資産（ABC）単位は11,000円となっていた。
- 利率は，複利計算によって貸出期間を反映して決定されることが多い。ただし，本設例は利息計算の方法を示すものではないため，例示として利率を記載している。
- 取引に関して発生するガス代は，考慮しない。
- 表示科目は例示である。
- 税効果会計は考慮しない。

(取得時の会計処理)

| （借）暗号資産 | 10,000 | （貸）現金 | 10,000 |
|---|---|---|---|

(貸付プールへの差入時の会計処理)

| （借）仕訳なし | － | （貸）仕訳なし | － |
|---|---|---|---|

（※）　上記では，一案として「仕訳なし」としているが，「暗号資産取引業における主要な経理処理例示」では，暗号資産交換業者が利用者に対して消費貸借契約により暗号資産を貸し付けた場合，その時点の時価により「貸付暗号資産」として計上する方法が示されている。

（※）　どのような会計処理が適切かどうかは個別の取決めによって異なると考えられるが，期中の会計処理にかかわらず，期末時においては評価替えが必要になると考えられる。

(期末時の会計処理)

| （借）　暗号資産 | 500 | （貸）暗号資産評価益 | 500 |
|---|---|---|---|

（※）　貸付プールへの差入時に特段の会計処理をしていない場合，有価証券の消費貸借契約等の会計処理に準じて，貸出プールに預け入れている旨および貸借対照表価額を注記することが一案として考えられる。

（※）　「暗号資産取引業における主要な経理処理例示」では，期中での仕訳により，「貸付暗号資産」として財務諸表において表示することが想定されている。

| （借）　暗号資産 | 52.5 | （貸）暗号資産受取利息相当額 | 52.5 |
|---|---|---|---|

（※）　52.5円＝１単位×0.005×10,500円／単位

（※）　表示科目は例示として示している。なお，「暗号資産取引業における主要な経理処理例示」では，貸付暗号資産に対する受取利息相当額について「受取利息」が勘定科目として示されている。

（貸出プールから取り出した時の会計処理）

| （借）暗号資産 | 167.5 | （貸）暗号資産受取利息相当額 | 167.5 |
|---|---|---|---|

（※）　1単位×0.02×11,000円／単位＝220円，220円－52.5円＝167.5円

## (5) 暗号資産等の交換取引

DeFiを利用した暗号資産等の取引については，最近，貸借取引に次いで交換取引に関する取引量が大きくなっています。DeFiを利用した暗号資産等の交換取引のプラットフォームは，Decentralized Exchanges（DEX）と呼称され，特定の管理者が運営している従来型の暗号資産交換業者（Centralized Exchanges, CEX）と区分されます。

DEXを利用する交換取引には，暗号資産等の交換取引と同様に様々なものがあり，それぞれが依拠するプロトコルによって取引の内容が異なります。このため，暗号資産等の交換取引の会計処理について一様に示すことができません。しかし，一般的には，DEXにおいては，CEXで採用されている板寄せ方式（order book style）でなく「自動マーケットメーカー」（Automated Market Makers, AMM）の仕組みが多く利用されています。AMMを前提とすると，**図表4－11**に記載する点がDEXのプロトコルに固有の性質としていわれます。

DEXのプロトコル（AMM）に基づいた取引は，交換取引のカウンターパーティーが1対1対応しない点を含め，従来型の暗号資産等の交換取引と異なります。このため，会計処理についても，従来の暗号資産等の交換取引の定めにかかわらず，慎重な検討が必要となると考えられます。会計処理について検討を行う場合，たとえば，以下のような点に留意して検討することが必要になると考えられます。

- 当該交換取引について，どの会計基準に準拠して判断することが適当か
- 交換取引を1対1で識別することはできないとした場合，流動性プールに対する割合の増減を対象として会計処理を行うことになるのか
- 流動性プールへの参加に伴い配分された暗号資産等をどのように認識・測定すべきか

## 図表4－11　DEXのプロトコル（AMM）に固有の性質

- 暗号資産等を交換する者は，自身のウォレットから直接交換取引を実施することが可能であり，すべてのプロセスがスマートコントラクトを通じて実行される。
- 交換取引は，対象銘柄に関する1対1の単位で実施されるのではなく，ある銘柄（銘柄A）と他の銘柄（銘柄B）との取引に関する「流動性プール（Liquidity Pool）」の単位で実行される。
- 流動性プールの参加者は，当初プールに流動性を提供する場合，提供時点において銘柄Aと銘柄Bの評価額が等しくなるように預託することが要求される。
- 銘柄Bを銘柄Aと交換する取引が発生し，流動性プールにおける銘柄Aの割合が銘柄Bに比べて大きくなった場合，銘柄Aの流動性プールの価格は下落し，銘柄Bの流動性プールの価格は上昇する（**図表4－12**参照）。
- 交換取引が成立した場合，取引高のX％相当が流動性プールへの参加者に対して手数料として等分に配分される。

## 図表4－12　AMMにおける価格調整メカニズム

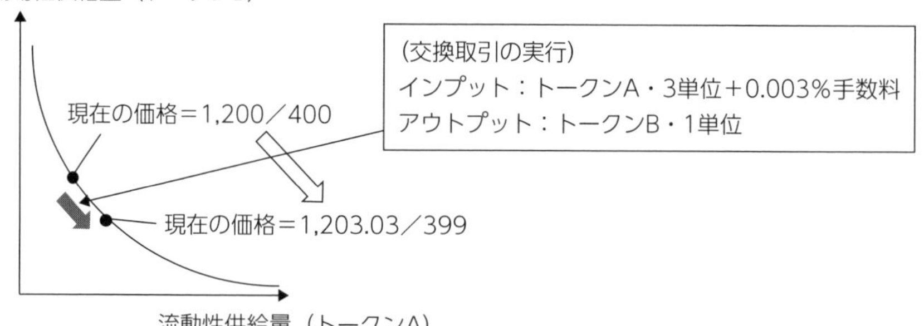


（出所）　Uniswapウェブサイト「How Uniswap works」

# 国際的な会計基準における取扱い

## (1)　IFRS®会計基準における取扱い

### ①　暗号資産についての整理

IFRS会計基準においては，日本の会計基準と異なり，暗号資産等の会計処理について特段のガイダンスが示されていません。ただし，2019年６月のIFRS解釈指針委員会において現行のIFRS会計基準に基づく「暗号通貨」(crypto currency）の保有者による会計処理を明らかにするアジェンダ決定が公表されています。本アジェンダ決定で示された内容は，主に以下のとおりです。

#### (i)　対象とする暗号通貨

- 分散台帳に記録され，セキュリティーのために暗号化技術を使用するデジタルまたは仮想の通貨であること
- 国の機関等が発行するものではないこと
- 暗号通貨の保有は，保有者と他の者との間の契約を生じさせるものでないこと

#### (ii)　本アジェンダ決定が対象とする暗号通貨について適用すべき会計基準

暗号通貨が通常の事業の過程において販売を目的として保有されている場合にはIAS第２号「棚卸資産」が適用されますが，これに該当しない場合は，IAS第38号「無形資産」が適用されます。アジェンダ決定に至る分析では，金融資産に該当すると判断されるかについても検討されましたが，以下の理由から，金融資産には該当しないとされています。

- 暗号通貨は，金融資産のうち，現金に該当すると判断される可能性がある

が，IAS第32号AG3項では，通貨(現金)は，交換の媒体 (medium of exchange) として利用されるほか，すべての取引が測定され財務諸表に認識される基礎となるほどに財またはサービスの価格付けにおける貨幣的尺度として利用されることが想定されている。

- この点，暗号通貨は，特定の財またはサービスの交換において利用されてはいるものの，広く交換の媒体として利用されておらず，すべての取引が財務諸表に認識・測定される基礎となるほどに財またはサービスの価格付けにおける貨幣的尺度として利用されていない。このため，現時点において，暗号資産は，IAS第32号における「現金」の性質を満たすものではない。

**図表4－13**は，本アジェンダ決定において説明されている検討を整理したものです。

**図表4－13　暗号通貨に適用されるIFRS会計基準と会計処理の検討**

| 検討された候補 | 判定 | 説明 |
|---|---|---|
| 外国通貨<br>(IAS第21号) | × | • 暗号通貨には，固定または決定可能な数(fixed or determinable number) の通貨単位を受け取る権利 (または引き渡す義務) がない。 |
| 現　金<br>(IAS第32号) | × | • 暗号通貨は，現時点では，交換の媒体として広く利用されておらず，財またはサービスの価格付けにおける貨幣的尺度としても利用されていない。 |
| 棚卸資産<br>(IAS第２号) | △ | • 暗号通貨は，通常の事業の過程において販売を目的として保有されていることがある。この場合，低価法により測定し，帳簿価額との差額を純損失として計上する。<br>• 暗号資産はブローカー／トレーダーとして保有される場合もある。この場合，売却費用控除後の公正価値で測定し，帳簿価額との差額を純損益に計上する。 |
| 無形資産<br>(IAS第38号) | ○ | • 暗号通貨は，通常，無形資産の定義に合致する。<br>• 無形資産について「原価モデル」を適用する場合，必要な場合，減損損失を純損失に計上する。他方，「再評価モデル」を適用する場合，定期的に公正価値で測定し，帳簿価額を上回る部分はその他の包括利益(OCI)として，下回る部分は純損失として計上する。 |

なお，本アジェンダ決定においては，検討対象とする暗号通貨について「暗号通貨の保有は，保有者と他の者との間の契約を生じさせるものでないこと」とされていました。このため，少なくとも，発行者に対して法定通貨での払戻しの請求ができる権利が付されている「ステーブルコイン」については，本アジェンダ決定では会計上の取扱いは明らかにされていなかったといえます。

本アジェンダ決定を踏まえると，IFRS会計基準において自己が保有する暗号通貨に関する会計上の取扱い(例)は，**図表４－14**のように示すことができます。

**図表４－14　自己が保有する暗号通貨の会計処理（例）**

【前提事項】
- 会社は，活発な市場が存在する暗号通貨１単位を10,000円で現金により購入した。なお，当該暗号資産は，通常の事業の過程において販売を目的として保有されるものではない。
- 期末において，暗号通貨１単位の市場価格（当該暗号通貨にとっての主要な市場での引値に相当）は8,000円となった。
- 会社は，翌期の期中において，暗号資産１単位を12,000円で売却した。
- 購入時および売却時の手数料は，考慮しない。
- 表示科目は例示である。
- 税効果会計は考慮しない。

(取得時の会計処理)

| (借) | 無形資産（暗号通貨） | 10,000 | (貸) | 現金 | 10,000 |
|---|---|---|---|---|---|

(期末時の会計処理)

| (借) | 減損損失 | 2,000(※) | (貸) | 無形資産（暗号通貨） | 2,000 |
|---|---|---|---|---|---|

(※)　2,000（減損損失）＝10,000（帳簿価額）－8,000（期末の市場価格）

(※)　IFRS会計基準においては，無形資産について「原価モデル」と「再評価モデル」という２つの会計処理モデルがある。ただし，本設例の前提では，いずれのモデルによっても会計処理は変わらない。

(売却時の会計処理)

| (借) | 現金 | 12,000 | (貸) | 無形資産（暗号通貨） | 8,000 |
|---|---|---|---|---|---|
| | | | | 無形資産売却益(※) | 4,000 |

(※)　4,000（無形資産売却益）＝12,000（売却価額）－8,000（帳簿価額）

### ② DeFiに関する会計上の取扱い

IFRS会計基準では，DeFiに関する会計処理について明らかにされていません。このため，DeFiサービスを利用して，企業が暗号資産等の貸借取引や交換取引を実施する場合，まずは対象となる暗号資産等がどの会計基準等に準拠して会計処理されるかについて検討する必要があります。

たとえば，保有する暗号資産等がIAS第38号「無形資産」に該当すると判断される場合，当該暗号資産を利用してDeFiを利用した暗号資産等の交換取引を実施する場合，現行のIFRS会計基準の定めを前提とすると，当該取引は無形資産の貸借取引として会計処理することが考えられます。しかし，IFRS会計基準では，無形資産の貸借取引について明示的に定められていません。このため，場合によっては，IAS第８号「会計方針，会計上の見積りの変更及び誤謬」第11項の定めに基づき，類似および関連する論点を取り扱っているIFRS基準の要求事項や「財務報告に関する概念フレームワーク」における資産，負債，損益に係る定義，認識規準，測定に関する概念を参照する等の上，会計上の取扱いを判断することが考えられます。

### ③ IASBによる今後の取組み

IASBは，2021年３月にアジェンダ協議文書を公表し，今後，IASBがどの論点について優先的に取り組むべきかについて公開協議を実施しました。これに対して，多くの関係者から「暗号通貨やそれに関する取引の重要性が増しており，IASBはこれを作業計画に追加すべき」という見解が示されました。

しかし，IASBは，2022年７月に公表したアジェンダ協議に関するフィードバック文書において，主に以下の理由から，暗号通貨やそれに関する取引に関する会計上の取扱いに関する検討を作業計画に追加しないとしています。

- これらの取引が多くの法域において広く行われているか，また，多くの企業の財務諸表に対して広範な影響を与えるものかについて疑問があること
- 様々な暗号資産および暗号負債の会計上の取扱いに関する検討は極めて複雑であるほか，暗号資産の取引が比較的新しく急速に進展していることを踏まえると時期尚早である可能性があること
- すでに，IFRS解釈指針委員会から上記のアジェンダ決定が示されている

こと

- IASBは，無形資産に関する会計上の取扱いについて見直すリサーチ・プロジェクトを今後組成していくことを予定しており，暗号通貨の会計上の取扱いについても当該プロジェクトにおいて検討されると考えられること

このため，近い将来において，IFRS会計基準におけるDeFiに関する会計上の取扱いが明らかになる可能性は低いものと考えられます。

## (2)　米国会計基準における取扱い

### ①　暗号資産に関する整理（概要）

米国会計基準では，会計基準設定主体である米国財務会計基準審議会（FASB）は暗号資産等に関する会計基準やガイダンスを公表していません。しかし，2019年12月に，米国公認会計士協会（AICPA）が「デジタル資産の会計及び監査上の取扱い」（Practice Aid, *Accounting for and auditing of digital assets*）に関する実務ガイダンス（会計に関する部分）（以下「AICPAガイダンス」といいます）を公表しており，2020年5月に監査に関する部分を追補しています。

AICPAガイダンスは，交換の手段として機能するとともに，以下すべての特徴を有するデジタル資産を「暗号資産」（具体的には，Bitcoin（ビットコイン），Bitcoin Cash（ビットコインキャッシュ），Ether（イーサ）等が想定されています）としています。

- 国の機関等が発行するものではないこと
- 暗号資産の保有は，保有者と他の者との間の契約を生じさせるものでないこと
- 1933年証券法または1934年証券取引所法における証券と考えられないこと

AICPAガイダンスは，その上で，現行の米国会計基準に基づく暗号資産の分類および測定の方法を明らかにしています。AICPAガイダンスでは，暗号資産に企業のキャッシュ・フローに貢献すると期待される期間に関する予見可能な制限が設けられていない限り，暗号資産は耐用年数が確定しない無形資産

に該当するとされています。AICPAのデジタル資産グループ－会計サブグループによる検討の過程は，**図表４－15**のように整理されます。

**図表４－15　暗号資産に適用される米国会計基準と会計処理の検討**

| 検討された候補 | 判定 | 説明 |
| --- | --- | --- |
| 現金及び現金同等物 | × | • 法定通貨でなく，政府によって保証されていない限り，現金及び現金同等物の定義に合致しない。<br>• 暗号資産には満期日がなく，また，暗号資産の価格は大きく変動する。 |
| 金融資産 | × | • 暗号資産は，現金の定義に合致せず，他の金融資産の定義にも合致しなければ，金融資産には該当しない。<br>（※）　いわゆる暗号資産のうちステーブルコインの中には，金融資産に該当するものもある。これについては，「②DeFiおよびステーブルコインに関する会計上の取扱い」で説明している。 |
| 棚卸資産（IAS第２号） | △ | • 暗号資産は，通常の事業の過程において販売を目的として保有されていることがある。<br>• しかし，暗号資産は物理的な資産（tangible asset）でないため，棚卸資産の定義に合致しない可能性がある。 |
| 無形資産（ASC無形資産－のれん及びその他） | ○ | • 暗号資産は，一定の前提において，無形資産の定義に合致する。<br>• 企業に耐用年数が示されていない限り，暗号資産は耐用年数の確定しない無形資産に該当する。 |

### ②　DeFiおよびステーブルコインに関する会計上の取扱い

米国会計基準においても，DeFiに関する会計処理について明らかにされていません。このため，DeFiサービスを利用して，企業が暗号資産等の貸借取引や交換取引を実施する場合，まずは対象となる暗号資産等がどの会計基準等に準拠して会計処理されるかについて検討する必要があります。

DeFiに関する取引について会計上の取扱いを検討する場合，IFRS基準書における検討と同様，まずどの会計基準に沿って検討すべきかが重要となります。この点，AICPAガイダンスでは，DeFiサービスの利用にあたって使われることが多いステーブルコインについて，ステーブルコインの利用者がどのように会計処理すべきかを決定する際に，対象とするステーブルコインについて以下のような点を考慮すべきとされています。

- 発行された目的
- 保有者が有する権利および義務
- 発行者の性質（法的な事業体が存在しているか）
- 法的形態（債券か，株式か）
- 価格変動を最小化しようとするために講じられている仕組み，その実績
- 額面で払戻し可能等とされている場合，どのような条件が付されているか
- 発行高のすべてまたは一部が担保により保全されているか，担保資産の実在性は検証されているか
- 信用度や流動性の程度
- 適用される法令

また，AICPAガイダンスでは，**図表４－16**のような事例が掲載されています。

**図表４－16　ステーブルコインの会計上の取扱いの検討（例）**

【前提事項】
- 企業Aは，ステーブルコインを100単位保有している。
- 当該ステーブルコインには，米ドルの額面が記載されているほか，担保資産が分別管理して保全されている。
- ステーブルコインの保有者は１ドルごとに償還する権利を有している。

(会計上の取扱いに関する検討―例)
- 上記のステーブルコインはデリバティブに該当しないと考えられるが，現金で償還できるため，米国会計基準において「金融資産」に該当する。
- 仮にステーブルコインが「証券」に該当する場合，FASB ASC320「投資―負債証券」に準拠して会計処理すると考えられるが，仮に「証券」に該当しない場合，FASB ASC310「債権」に準拠して会計処理することになると考えられる。
- ステーブルコインが「金融資産」に該当する場合，FASB ASC825「金融商品」における公正価値オプションの適用ができると考えられる。
- 事実および状況によっては，現金または現金同等物に該当するかについても検討することが必要である可能性がある。

### ③ FASBによる取組み

FASBは，2021年６月に，アジェンダ協議文書を公表し，今後，FASBがどの論点について優先的に取り組むべきかについて公開協議を実施しました。これに対して，投資家，作成者，監査人を含む多くの関係者から，デジタル資産の会計処理について検討すべきとの見解が示されました。

FASBは，こうした見解を踏まえ，2022年５月に一定のデジタル資産の会計および開示を改善させるためのプロジェクトをテクニカルアジェンダに追加することについて決定をしています。その後，FASBは，2023年３月に，**図表４−17**を主な内容とする公開草案（コメント期限：2023年６月）を公表しています。

**図表４−17　FASBによる公開草案（2023年３月）**

| 区　分 | 主な内容 |
| --- | --- |
| 対象 | •自社が保有する暗号資産（「無形資産」の定義に該当するものに限る）を対象とする。<br>•自社または関連当事者により生成・発行されたものは，対象としない。<br>•NFTは対象としない。 |
| 測定 | •自社が保有する暗号資産は，活発な市場があるか否かにかかわらず，各期末において公正価値で測定する。<br>•公正価値の変動額は，各報告期間における当期純利益に含めて認識する。<br>•暗号資産の取得のために生じた一定のコスト（委託手数料）は，原則として当期の費用として認識する。 |
| 表示 | •貸借対照表において，暗号資産を他の無形資産とは区分して表示する。<br>•損益計算書において，暗号資産の公正価値の変動額を他の損益とは区分して表示する。 |

第 5 章

# DeFiの税務

# 1　暗号資産・トークンの税務

暗号資産に係る所得に関する税務上の取扱いが初めて国税庁から公表されたのは，2017年９月において国税庁のホームページ上で公開されたタックスアンサー「ビットコインを使用することにより利益が生じた場合の課税関係」であり，その後，2017年度税制改正にて法人税法および所得税法の改正が行われ，暗号資産取引に係る税務上の取扱いが法令として明文化されています。さらに2022年４月にタックスアンサーとして「NFTやFTを用いた取引を行った場合の課税関係」（所得税）が，2023年１月13日に「NFTに関する税務上の取扱いについて（FAQ）」が，2023年１月20日には「法人が保有する暗号資産に係る期末時価評価の取扱いについて（情報）」が公表されています。ここでは，暗号資産に係る税務上の取扱いとともにトークンに係る税務上の取扱いについて述べます。

なお，税務上における「暗号資産」の定義は，資金決済法２条を参照していることから，法律上の暗号資産と同じものとなっています。本章でも，ブロックチェーン上で発行されるトークンのうち，資金決済法２条の定義に該当するものを「暗号資産」としています。

## (1)　暗号資産の所得税・法人税の取扱い

### ①　所得税の基本

所得税は，各個人に帰属する所得について，原則として総合し，所得の額を担税力として把握した上で課税することを建前としています。所得税法では，所得の性格によって，利子所得，配当所得，不動産所得，事業所得，給与所得，退職所得，山林所得，譲渡所得，一時所得および雑所得の10種類に所得を分類し，それぞれの所得区分に応じて所得の計算方法を定めています。そして，所得税の税率については，原則として，所得が増加するにつれて，その増加部分に，順次高い税率を適用するという超過累進税率を採用しています。

### ②　暗号資産の所得税の取扱い

#### (i)　所得区分

前述のとおり，2017年９月に国税庁のタックスアンサーにて，Bitcoin（ビットコイン）を使用することにより生じた利益は所得税の課税対象となり，原則として雑所得に区分され総合課税の対象であることが示されました（国税庁ホームページ/タックスアンサー/No.1524「ビットコインを使用することにより利益が生じた場合の課税関係」）。そして「暗号資産に関する税務上の取扱いについて（FAQ）」[(1)]も国税庁ホームページにおいて公表されています。

雑所得に該当する場合，暗号資産の売却または使用等したことにより生じた利益は給与所得や事業所得等の他の所得と合算し，累進税率により最高45%（復興特別所得税および住民税も考慮すると最高約56%）の税率により課税されます。たとえば，給与所得を有する個人が，暗号資産の売却または使用等による利益を得た場合，給与所得と暗号資産の売却または使用等による利益を合算した所得金額に応じた税負担が生じることになります。年末調整により所得税額が確定し納税も完了する給与所得者であっても，その雑所得の金額が20万円を超える場合には確定申告が必要となる点も留意が必要です。

一方で，暗号資産の売却または使用等により損失が生じた場合，雑所得は事業所得や不動産所得とは異なり，他の区分の所得金額と相殺（以下「損益通算」といいます）することができず，さらに，損失を繰り越して翌年以後の所得金額から控除することも認められていません。したがって，暗号資産取引から生じた損失は，同一年内に他の雑所得の金額がない限りにおいては，その損失は所得税法上考慮されることなく課税関係が終了します。

なお，上記にて「原則」雑所得になると述べましたが，これは上記国税庁のFAQにて，以下のように記載があるとおり，暗号資産取引自体が事業と認められる場合には，その個人については，雑所得ではなく事業所得として区分し

---

(1)　https://www.nta.go.jp/publication/pamph/pdf/virtual_currency_faq_03.pdf

た上で確定申告することとなります。

> 国税庁「暗号資産に関する税務上の取扱いについて（FAQ）」
> ２－２　暗号資産取引の所得区分
> 問）暗号資産取引により生じた利益は，所得税法上の何所得に区分されますか。
> 答）暗号資産取引により生じた利益は，所得税の課税対象になり，原則として雑所得（その他雑所得）に区分されます。
> 暗号資産取引により生じた損益は，邦貨又は外貨との相対的な関係により認識される損益と認められますので，原則として，雑所得（その他雑所得）に区分されます。
> ただし，その年の暗号資産取引に係る収入金額が300万円を超える場合には，次の所得に区分されます。
> ・暗号資産取引に係る帳簿書類の保存がある場合・・・原則として，事業所得
> ・暗号資産取引に係る帳簿書類の保存がない場合・・・原則として，雑所得（業務に係る雑所得）
> なお，「暗号資産取引が事業所得等の基因となる行為に付随したものである場合」，例えば，事業所得者が，事業用資産として暗号資産を保有し，棚卸資産等の購入の際の決済手段として暗号資産を使用した場合は，事業所得に区分されます。

暗号資産取引から生ずる所得が，雑所得と事業所得のいずれの所得区分に該当するのかを判断するにあたっては，法令上明確な判断基準が置かれているわけではなく，実務上も論点となりやすいものです。過去の判例等を踏まえると一般的に「営利性・有償性の有無」,「継続性・反復性の有無」,「自己の危険と計算における企画遂行性の有無」等を総合的に検討して判断することとされています。

典型例としては，デイトレーダーのように暗号資産取引を主たる事業として，自己資金で営利を目的として継続的に行い，暗号資産取引から得られる利益で生計を立てているような場合は事業所得に該当すると考えます。

なお，事業所得に該当する場合には，その年において発生した損失は他の総合課税の対象となる所得から控除することができ，それでも控除しきれなかっ

た金額は翌年以降3年間にわたり繰越控除が認められている等，雑所得にはない優遇規定が複数存在します。このため，雑所得か事業所得かの区分は重要になりますが，上述のとおり法令上明確な基準がなく，個人ごとに事情が異なるため，暗号資産取引に係る最終的な税務判断にあたっては税務専門家等に相談の上個人ごとの実態に即した判断をする必要があります。

### (ii)　課税所得が発生するタイミング

資金決済法における暗号資産の定義では，物品を購入する取引で支払手段として用いられるだけではなく，それ自体を売却および購入することができる財産的価値であることが規定されています。このため，所得税法においてもそのような取引を暗号資産の「使用」の範囲と捉えて課税所得を認識する必要があります。

• 暗号資産を支払手段として使用する場合

たとえば，Day1に2,000,000円で4BTCを取得し，Day2で155,000円の商品購入に0.3BTCを支払った場合，保有するBitcoin（BTC）の使用時点での商品価値と当該Bitcoinの取得価額との差額である5,000円が所得金額となります。

155,000円－(2,000,000円÷4BTC)×0.3BTC＝5,000円
商品価額－1BTC当たり取得価額×支払BTC＝所得金額

これは，個人が外貨建取引を行った際に実現する為替差損益が雑所得に区分される処理と類似しています。つまり，雑所得に区分される結果として，為替差益が発生する場合は他の所得と合算して総合課税される一方で，為替差損は同一年に発生した別の雑所得があれば相殺できますが，そうでない場合はその損失は他の所得と相殺されず，また翌年以降に繰り越されることなく課税関係が終了することになります。

• 暗号資産自体を売却または交換する場合

上記は暗号資産を商品購入や役務提供の対価の支払手段として使用する場合でしたが，暗号資産自体を売却または交換する場合も課税対象となります。

売却または交換を行った場合は，売却による総収入金額から必要経費を控除することにより所得金額を算出します。総収入金額は，対価が法定通貨であればその金額が総収入金額となり，対価が別の種類の暗号資産であれば交換によって取得する当該別の種類の暗号資産の交換時の１単位当たりの時価と購入単位数を乗じて総収入金額を算出することになります。

必要経費の対象となる金額は，売却または交換された暗号資産の譲渡原価および売却の際に支払った手数料のような直接費用の他，インターネットやスマートフォン等の回線利用料，パソコン等の購入費用等の間接費用についても，暗号資産の売却のために必要な支出であると認められる部分の金額に限り，必要経費に算入することができます。

#### ⅲ　直接経費となる暗号資産の譲渡原価

総平均法または移動平均法により算定することとされており，実務上は暗号資産交換業者から送付される「年間取引報告書」に記載されている情報を基に，国税庁ホームページで公表されている「暗号資産計算書」を作成することで簡便に計算を行うことができます。ただし，「年間取引報告書」は国税庁から暗号資産交換業者への要請により2018年１月１日以後の暗号資産取引を対象に交付されているものであり，2017年分以前の暗号資産交換取引についての年間取引報告書は発行されていないことが多いと考えます。このため，2017年分以前の暗号資産取引については，その売却または購入時の履歴を銀行口座の入出金状況により確認して譲渡原価を算出する方法や，売却価額の５％相当額を譲渡原価とする方法等により算定することが求められます。

総平均法および移動平均法は，期末に保有する暗号資産の１単位当たりの取得価額の算出方法を規定したものであり，結果的にこの１単位当たりの取得価額を基礎として譲渡原価が算定されます（**図表５－１**参照）。

上記の総平均法および移動平均法における暗号資産の取得価額とは，取得の方法によりそれぞれ**図表５－２**のとおりとされています。ただし，購入手数料など暗号資産購入のために要した費用がある場合には，その費用の額を含む金額となります。

いずれの評価方法を選定すべきかについては，暗号資産を取得した日の属す

### 図表5－1　総平均法および移動平均法

| | |
|---|---|
| ・総平均法 | 同じ種類の暗号資産について，年初時点で保有する暗号資産の評価額とその年中に取得した暗号資産の取得価額の総額を，これらの暗号資産の総量で除して1単位当たりの取得価額を計算する方法。 |
| ・移動平均法 | 同じ種類の暗号資産について，暗号資産を取得する都度，その取得時点において保有している暗号資産の取得価額の総額をその時点で保有している暗号資産の数量で除して計算した価額を「取得時点の平均単価」とし，以後同様の方法で「取得時点の平均単価」が改定されたものとみなし，その年12月31日から最も近い日において算出された「取得時点の平均単価」を期末に保有する暗号資産の1単位当たりの取得価額とする方法。 |

### 図表5－2　総平均法および移動平均法における暗号資産の取得価額

| 取得方法 | 取得価額 |
|---|---|
| ・対価を支払って取得（購入）した場合 | 購入時に支払った対価の額 |
| ・贈与または遺贈によって取得した場合（以下の死因贈与，相続または包括（特定）遺贈によるものを除く） | 贈与または遺贈の時の価額（時価） |
| ・死因贈与，相続または包括（特定）遺贈により取得した場合 | 被相続人の死亡の時に，その被相続人が暗号資産について選択していた評価方法により評価 |
| ・上記以外の場合（たとえば，暗号資産同士の交換(※)，マイニング，分裂（分岐）などにより暗号資産を取得した場合をいう） | その取得時点の価額（分裂（分岐）により取得した場合は取引相場が存在していないという前提のもと，価値を有していないと考えられるためゼロ） |

（※）　交換には，保有している暗号資産がいずれの暗号資産交換業者においても本邦通貨または外国通貨（以下「本邦通貨等」といいます）と直接交換することができないケースや，保有している暗号資産と種類の異なる暗号資産とが直接交換することができないケースにおいて，本邦通貨等や種類の異なる暗号資産と直接交換可能な他の暗号資産を介在して取引を行うため，一時的に当該他の暗号資産を取得することがあります。このような交換は総平均法および移動平均法の「取得」の範囲から除くこととされており，別途，個別法により算出する必要があります（所得税法施行令119条の2第2項，所得税基本通達48の2-1）。

る年分の所得税の確定申告期限までに，納税地の所轄税務署長に「所得税の暗号資産の評価方法の届出書」を提出する必要があります（届出書を提出しない場合は，法定評価方法である総平均法を選択したものとみなされます）。

この届出書は暗号資産の種類の異なるごとに選定できるため，たとえばX1年にBitcoinを取得した場合は，X1年の確定申告期限までにBitcoinに係る評価方法の届出書を提出することができ，さらにX2年にEthereum（イーサリアム）を取得した場合は，X2年の確定申告期限までにEthereumに係る評価方法の届出書を提出することができます。ただし，一度評価方法を選定すると原則としてその評価方法は継続して適用する必要があるため，たとえば上記のケースでX3年にBitcoinを追加取得したとしても，その追加取得したBitcoinについては新たな評価方法は選択できず，X1年に選択した評価方法が適用されることとなります。

なお，一度選択した評価方法は「原則として」継続適用する必要があり，一旦採用した評価方法を適用してから３年を経過していないときは，評価方法の変更申請は特別な理由がある場合を除き却下されることとされており，また，３年を経過した後であっても合理的な理由がなければその変更を承認しないことができるとされています。

#### ⒤ 証拠金取引の場合

雑所得は原則として総合課税の対象とされ，累進税率により最高45%（復興特別所得税および住民税も考慮すると最高約56%）の税率により課税されますが，一定の先物取引の差金等決済をした場合には，他の所得と区分して所得税15%（復興特別所得税および住民税も考慮すると20.315%）の税率による申告分離課税の対象となります。

しかしながら，この申告分離課税の対象となる先物取引の差金等決済は，商品先物取引等の差金等決済，金融商品先物取引等の差金等決済，カバードワラントの差金等決済に該当する取引をいうものとされているのに対し，暗号資産は資金決済法に定めるところの暗号資産とだけ定義されており上記の先物取引の差金等決済には現状該当しないことになり，したがって，暗号資産の証拠金取引は総合課税の対象となります。

#### (v)　期末時価評価損益

所得税法上は，暗号資産に係る期末時価評価の規定は存在しないため，年末時点で保有する暗号資産に係る評価損益の認識は不要となります。ただし，後述のとおり，法人税法上は，保有する暗号資産が活発な市場を有する場合には期末時価評価が求められ，所得税と法人税で取扱いが異なるため留意が必要です。

### ③　法人税の基本

法人税とは，株式会社等の法人の所得を対象として，法人に課される税金であり，上述した所得税のように所得の種類を区分することなく，別段の定めがあるものを除き法人の得た利益は法人の所得とし，その所得の計算方法も，一般に公正妥当と認められる会計処理の原則に従って計算された法人の利益を前提とするなど相当の部分を適正な会計慣行/処理に委ねつつも，会計上保守的な処理（利益を少なくする処理）がなされるときには，法的な権利が移転したタイミングで益金を認識しようとしているという特徴があります。

また，税率についても所得税は原則として超過累進税率であるのに対し，法人税法は原則として単一税率となっています。

### ④　暗号資産の法人税の取扱い

平成29（2017）年度税制改正により，法人税法上の取扱いが明確となり，「期末時価評価損益」，「譲渡損益」，「信用取引」の課税関係に係る法整備が行われています。法人税法上の取扱いについては，暗号資産固有の取扱いが明記されたというよりも，上述した法人税の基本における考え方に合わせて，会計基準との整合性をとりながら，既存の法人税法上の他の資産に係る取扱いと平仄を合わせるような形で，その取扱いが明文化されたような内容となっています。

#### (i)　期末時価評価損益

暗号資産の期末評価に関しては，法人税法上の短期売買商品等として位置付けられ，法人が事業年度末に有する暗号資産のうち，「活発な市場」が存在する暗号資産については，その評価額と帳簿価額との差額を評価損益として，その事業年度の益金の額または損金の額に算入することとされました。なお，評価損益として認識された金額は，洗替処理により，翌事業年度において損金の額または益金の額に算入されます。

なお，「活発な市場」の定義は次に掲げる要件のすべてに該当するものとされています。

❶ 継続的に売買の価格等（売買の価格または他の暗号資産との交換の比率）（以下「売買価格等」といいます）の公表がされ，かつ，その公表がされる売買価格等がその暗号資産の売買の価格または交換の比率の決定に重要な影響を与えているものであること。

❷ 継続的に上記の売買価格等の公表がされるために十分な数量および頻度で取引が行われていること。

❸ 次に掲げる要件のいずれかに該当すること。

- 上記❶の売買価格等の公表が当該内国法人以外の者によりされていること。
- 上記❷の取引が主として当該内国法人により自己の計算において行われた取引でないこと。

これは，企業会計基準委員会より公表されている実務対応報告第38号「資金決済法における仮想通貨の会計処理等に関する当面の取扱い」で時価評価の対象となる暗号資産の範囲として用いられている「活発な市場」と類似した表現となっています。具体的には，「活発な市場」のことを「暗号資産交換業者または暗号資産利用者の保有する暗号資産について，継続的に価格情報が提供される程度に暗号資産取引所または暗号資産販売所において十分な数量および頻度で取引が行われている場合をいうものとする」と示しています。

また，2023年１月20日に公表された「法人が保有する暗号資産に係る期末時価評価の取扱いについて（情報）」においても，同様の表現が入っており，加えて，以下のような記載もあることからこの点も留意する必要があると考えます。

活発な市場が存在する暗号資産に該当するかどうかは，保有する暗号資産の種

> 類，その保有する暗号資産の過去の取引実績及びその保有する暗号資産が取引の対象とされている暗号資産取引所又は暗号資産販売所の状況等を勘案し，個々の暗号資産の実態に応じて判断することになりますが，この判断に際して，例えば，合理的な範囲内で入手できる売買価格等が暗号資産取引所又は暗号資産販売所ごとに著しく異なっていると認められる場合や，売手と買手の希望する価格差が著しく大きい場合には，上記❶及び❷の観点から，通常市場は活発ではないと判断されることになります。

また，DEXにおいて取引される暗号資産についても公表される交換比率が著しく不合理なものではない場合，市場暗号資産として期末時価評価が求められます。期末時価評価による評価損益の計上の対象となる暗号資産は，自己の計算において保有する暗号資産に限定されているため，暗号資産交換業者が顧客から預かった暗号資産については評価損益の計上の対象となりません。

なお，活発な市場が存在しない暗号資産については，原価法により評価した金額をもって評価するため，仮にそのような暗号資産が会計上で時価評価され評価益または評価損が計上されたとしても，法人税法上は益金の額または損金の額に算入されないことになります。

### (ii)　譲渡損益

法人が暗号資産を譲渡した場合の譲渡損益については，その譲渡に係る契約をした日の属する事業年度に計上することとなります。また，その譲渡に係る譲渡原価の額を計算する場合における１単位当たりの帳簿価額の算出方法は，所得税法上の取扱いと同様に，納税者が届出書を提出して移動平均法または総平均法による原価法を選択することができることとなっています。

なお，１単位当たりの帳簿価額の算出方法を選択しなかった場合には，所得税法上は総平均法を選択したものとみなされるのに対して，法人税法上は法定評価方法である移動平均法を選択したものとみなされることになるため留意が必要です。

譲渡契約日の属する事業年度において譲渡損益を認識するという取扱いは，有価証券の譲渡損益の認識時期と同じといえます(2)。また，移動平均法を原則としつつも総平均法の適用を認めていることも，有価証券の１単位当たりの帳簿価額の算出方法の取扱いに沿った規定となっています。

#### (iii) 信用取引等に係るみなし決済損益

事業年度末に有する未決済の暗号資産の信用取引等については，事業年度末に決済したものとみなして計算した損益相当額を計上することとなります。これは事業年度末に未決済である株式等に係る信用取引の取扱いと平仄を合わせた処理となっています。

#### (iv) 適用開始時期

上記の取扱いは，2019年４月１日以後に終了する事業年度から適用されますが，経過措置として，2019年４月１日前に開始し同日以後に終了する事業年度については，会計上暗号資産につき時価評価していない場合に限り，上記の取扱いを適用しないことができます。

## (2) 暗号資産に該当しないトークンの所得税・法人税の取扱い

### ① 所得税の取扱い

国税庁は2022年４月１日にホームページ上でタックスアンサーとして「NFTやFTを用いた取引を行った場合の課税関係」（所得税）(3)を，2023年１月13日に「NFTに関する税務上の取扱いについて（FAQ）」を公表しました。

当該タックスアンサーによるといわゆるNFT（非代替性トークン）やFT（代替性トークン）が，暗号資産などの財産的価値を有する資産と交換できるものである場合，そのNFTやFTを用いた取引については，所得税の課税対象となり

---

(2) 有価証券の場合，法的に所有権が移転するタイミングをもって課税を行う，という法人税法の基本コンセプトに合致した取扱いとなっています。その一方，暗号資産については法的な所有権が認められていないため，本来的にはその課税根拠や課税のタイミングについて慎重な検討がなされる必要があると考えられます。しかしながら，実務上，あたかも暗号資産に所有権があるかのように取り扱われています。

(3) https://www.nta.go.jp/taxes/shiraberu/taxanswer/shotoku/1525-2.htm

ます。逆に，財産的価値を有する資産と交換できないNFTやFTを用いた取引については，所得税の課税対象にはならないとされています[4]。そして，所得区分については以下のとおりとなります。

#### (i)　役務提供などにより，NFTやFTを取得した場合

- 役務提供の対価として，NFTやFTを取得した場合は，事業所得，給与所得または雑所得に区分されます。
- 臨時・偶発的にNFTやFTを取得した場合や法人からの贈与でNFTやFTを取得した場合は，一時所得に区分されます。
- 上記以外の場合は，雑所得に区分されます。

#### (ii)　NFTやFTを譲渡した場合

- 譲渡したNFTやFTが，購入したNFTやFTにつき譲渡所得の基因となる資産に該当する場合（その所得が譲渡したNFTやFTの値上がり益（キャピタル・ゲイン）と認められる場合）は，譲渡所得に区分されます。
- NFTやFTの譲渡が，営利を目的として継続的に行われている場合は，譲渡所得ではなく，雑所得または事業所得に区分されます。
- 譲渡したNFTやFTが，譲渡所得の基因となる資産に該当しない場合は，雑所得（規模等によっては事業所得）に区分されます。

なお，2023年１月13日に公表された「NFTに関する税務上の取扱いについて（FAQ）」により，デジタルアートを作成し，そのデジタルアートを紐づけたNFTを譲渡または転売したことにより利益を得た場合の取扱いが以下のとおり明らかにされています。

- デジタルアートを作成し，そのデジタルアートを紐づけたNFTを譲渡し利益を得た場合（一次流通）には，当該取引は「デジタルアートの閲覧に関する権利」の設定に係る取引に該当し，当該取引から生じた所得は，雑所得（または事業所得）に区分される。
- デジタルアートに紐づいているNFTを転売したことにより利益を得た場

(4)　財産的価値を有する資産と交換できないNFTやFTを用いた「取引」とは，具体的にどのような取引なのかは，明確にされておりません。

合（二次流通）には，当該取引は「デジタルアートの閲覧に関する権利」の譲渡に該当し，当該取引から生じた所得は，譲渡所得に区分される。

#### ②　法人税の取扱い

暗号資産に該当しないトークンのうち，NFTに関しては，2023年1月13日に公表された「NFTに関する税務上の取扱いについて（FAQ）」により，贈与を除いて基本的には所得税同様の取扱いとなることが確認されました。その他のNFTに該当せず，かつ暗号資産にも該当しないトークンに係る法人税の取扱いは，本書執筆時現在において，国税庁から公表されているものはなく，その性質をみて法人税の取扱いを個々に判断すべきと考えます。

なお，自由民主党（以下「自民党」といいます）は2022年3月に「NFTホワイトペーパー（案）Web3.0時代を見据えたわが国のNFT戦略」[(5)]を公表し，その中で海外の事業者が日本の居住者や内国法人との間でNFT取引を行った場合，日本において源泉徴収および申告課税の対象となるかどうか明確ではなく，国境をまたぐNFT取引促進の阻害要因となっており，課税関係を明確化すべきであること，そして課税対象となる場合には適切な執行がされるべきであり，そのために必要な体制の整備等の適切な措置を講ずるべきであると述べています。

### (3)　暗号資産・トークンの消費税の取扱い

#### ①　消費税の基本

消費税は国内において事業者が事業として対価を得て行う取引について課税されますが，消費に対して，広く，公平に，負担を求める税としての性格から課税の対象としてなじまないものや，社会政策的見地から非課税取引として一定の取引には消費税を課さないという配慮がなされています。非課税取引となる取引は以下のとおりです。

- 土地の譲渡，土地の貸付け

---

(5)　https://www.taira-m.jp/NFT%E3%83%9B%E3%83%AF%E3%82%A4%E3%83%88%E3%83%9A%E3%83%BC%E3%83%91%E3%83%BC%E6%A1%8820220330.pdf

- 有価証券，支払手段などの譲渡
- 利子を対価とする金銭の貸付けなど
- 郵便切手，印紙などの譲渡
- 商品券，プリペイドカードなどの譲渡
- 住民票・戸籍抄本の交付等の行政サービス手数料など
- 外国為替など
- 社会保険医療等
- 介護保険法に基づく居住サービスなど
- 社会福祉事業など
- 助産
- 埋葬料，火葬料
- 身体障害者用物品の譲渡など
- 授業料，入学検定料，入学金，施設設備費，在学証明等手数料など
- 教科用図書の譲渡
- 住宅の貸付け

### ②　暗号資産・トークンの消費税の取扱い

暗号資産を売却した場合の消費税法上の取扱いについて，2017年６月30日以前は，上記の非課税取引のいずれにも該当しないことから課税取引として消費税が課されていましたが，資金決済法により暗号資産が支払手段として法的に位置付けられたことに伴う税制改正により2017年７月１日以後に行う暗号資産の売却については，消費税が非課税とされました。また，支払った消費税の仕入税額控除額を算定する際に使われる「課税売上割合」の算定上，分母および分子のいずれにも含めないという整理がされています。

なお，暗号資産交換業者に対して暗号資産の売買に係る仲介手数料として支払う手数料は，仲介に係る役務の提供の対価として支払うものであるため，消費税の課税対象となります。ただし，暗号資産の売買を目的とした購入に係る手数料は，いわゆる非課税売上のみに対応する課税仕入れに該当するため，消費税の申告において個別対応方式を採用する場合は仕入税額控除の対象とはなりません。

暗号資産を貸し付けた場合には，貸付により得られる利息相当額は，金銭を貸し付けたことによる利息に該当せず，暗号資産の貸付料として課税取引として取り扱われることになっています（国税庁「暗号資産に関する税務上の取扱いについて（FAQ)」6－2)。

資金決済法上の暗号資産に該当しないトークンについては，それが資産の譲渡および貸付けならびに役務の提供のいずれに該当するのかを法的な取扱いを参考にしながら慎重に消費税の課税取引に該当するかどうかを検討する必要があると考えます。

なお，2023年1月13日に公表された「NFTに関する税務上の取扱いについて（FAQ)」において，デジタルアートを紐づけたNFTの譲渡および転売における消費税の取扱いが以下のとおり明らかになっています。

- 作成者から消費者（日本居住者）へのマーケットプレイスを通じた有償による譲渡は，著作物の利用の許諾に係る取引であり，消費者向け電気通信利用役務の提供として，消費税の課税取引となり，当該作成者は消費税の申告・納税をする必要が生じること
- デジタルアートを紐づけたNFTの転売については，当該デジタルアートの利用の許諾を受けた者が，当該利用の許諾に係る権利を他者に譲渡する取引であり，国内の事業者が事業として対価を得て行うものであれば，当該転売者に消費税が課されること。ただし，マーケットプレイスの利用規約など当事者間の契約によって取扱いが異なる可能性があるため個々に判断は必要となる。

上述した自民党公表の「NFTホワイトペーパー（案）Web3.0時代を見据えたわが国のNFT戦略」において，海外の事業者が日本の居住者や内国法人との間でNFT取引を行った場合に国内取引として消費税の課税取引に該当するのかが明確でなく，この点も国境をまたぐNFT取引促進の阻害要因となっており，課税関係を明確化すべきであること，そして課税対象となる場合には適切な執行がされるべきであり，そのために必要な体制の整備等の適切な措置を講ずるべきであると述べています。

## (4)　暗号資産およびトークンに係る税制の今後の展望

本書執筆時点では，2022年７月28日付で，一般社団法人日本暗号資産取引業協会（JVCEA）および一般社団法人日本暗号資産ビジネス協会（JCBA）が連名で2023年度税制改正に関する要望書[(6)]を金融庁に提出しており，その要望骨子３点について**図表５－３**のとおり紹介します。

**図表５－３　JVCEAおよびJCBAの2023年度税制改正要望の骨子**

| | |
|---|---|
| ①　分離課税 | 暗号資産取引に係る利益への課税方法は，20％の申告分離課税とし，損失については翌年以降３年間，暗号資産に係る所得金額から繰越控除ができることを要望する。暗号資産デリバティブ取引についても同様とする。 |
| ②　法人税 | 期末時価評価課税の対象を市場における短期的な価格の変動または市場間の価格差を利用して利益を得る目的(短期売買目的)で保有している市場暗号資産に限定し，それ以外のものを対象外とすることを要望する。少なくとも喫緊の課題への対応として，まず自社発行のトークンについて対象から除くことは必須である。 |
| ③　資産税 | 相続により取得した暗号資産の譲渡時の譲渡原価の計算について，取得費加算の特例の対象とすることや，相続財産評価について，上場有価証券と同様，相続日の最終価格の他，相続日の属する月の過去３カ月の平均時価のうち，最も低い額を時価とすることを要望する。 |

**図表５－３**①については，改正金融商品取引法では暗号資産が金融商品として位置付けられた一方で，税制においては，他の金融資産について20％の申告分離課税が導入されているのに対し，個人の暗号資産取引により生ずる取引は上述したとおり，原則，雑所得として総合課税の対象となっており，最高45％（復興特別所得税および住民税も考慮すると最高約56％）の税率により課税される仕組みとなっています。

また，デリバティブ取引についても，改正金融商品取引法では暗号資産デリバティブが通貨デリバティブ取引に準じたものとして位置付けられた一方で，

(6)　https://jvcea.or.jp/cms/wp-content/uploads/2022/08/20220803-001.pdf

税制においては，他の金融商品先物取引等の決済が20％の申告分離課税とされているのに対し，暗号資産デリバティブ取引の決済は申告分離課税の対象とされていません。この点，米国や英国においても暗号資産取引によって生じた利益は他の金融資産と同様のキャピタルゲイン課税（おおむね20％）として固定税率課税とされていることを踏まえた国際競争力確保の観点からの要望であるとされています。

**図表５－３**②については，自社発行のトークンが「活発な市場が存在する暗号資産」に該当した場合に，自社発行・保有分について，法人税法上期末時価評価の対象となり，含み益が生じている場合には法人税が課されることとなり，発行しただけで現金収入もなく担税力がない段階での課税が生じてしまっているという問題からの要望であると考えます。

**図表５－３**③については，「暗号資産は相続時の財産的価値すなわち時価により評価を行い，相続税を課税する。相続人は被相続人の取得原価を引き継ぐが，暗号資産の譲渡による所得が雑所得に分類されていることから，相続人が相続で取得した暗号資産を譲渡した際に，取得費加算の特例の対象とはならない（租税特別措置法39条）。結果，相続人は相続税と所得税を最高税率で負担する場合もあり，相続した暗号資産の時価評価額以上の過大な税負担となるケースも生じている」という問題からの要望であるとされています。

このうち，2022年12月16日に与党より公表された令和５年度税制改正大綱では**図表５－３**②のみが記載されています。

なお，令和５年度税制改正における暗号資産関係の改正内容は**図表５－４**のとおりです。

税制のあり方については様々な観点から検討されるべきと考えますが，その１つには，経済取引に対して税制が足かせとならないよう，取引に係る所得を把握して適切に課税しつつも，シンプルかつ実効性のある税制が敷かれる必要があると考えます。たとえば，先物取引に係る差金等決済に係る所得について分離課税制度が導入された背景は，市場経済のもとで様々なモノの価格が変動する社会において先物取引による価格変動リスクを低減することができるといった機能が重視され，従来は事業所得等として総合課税の対象とされていた

## 図表５－４　令和５年度税制改正における暗号資産関係の改正内容

■暗号資産の期末時価評価

【改正前】

| 暗号資産の種類 | 期末時価評価課税 |
|---|---|
| 活発な市場が存在する暗号資産 | あり |
| 上記以外の暗号資産 | なし |

| 活発な市場が存在する暗号資産とは，以下の要件のすべてに該当するものをいう | |
|---|---|
| (i) | 継続的に売買価格等(※1)の公表がされ，かつ，その売買価格等がその暗号資産の売買の価格・交換の比率の決定に重要な影響を与えているものであること |
| (ii) | 継続的に売買価格等の公表がされるために十分な数量および頻度で取引が行われていること |
| (iii) | 次のいずれかに該当すること<br>・売買価格等の公表がその法人以外の者によりされていること<br>・(ii)の取引が主としてその法人により自己の計算において行われた取引でないこと |

【改正後】

以下の要件に該当する暗号資産を時価評価課税の対象から除外することとされる

(i)　自己が発行した暗号資産でその発行の時から継続して保有しているものであること

(ii)　その暗号資産の発行の時から継続して次のいずれかにより譲渡制限が行われているものであること

・他の者に移転することができないようにする技術的措置(※2)がとられていること

・一定の要件を満たす信託の信託財産としていること

(※１)　売買の価格または他の暗号資産との交換の比率

(※２)　暗号資産を他の者に移転することができないようにする技術的措置（法人税法施行規則26条の10）については，次に掲げる要件のいずれにも該当するもの

・その移転することができない期間が定められていること

・その技術的措置が，その暗号資産を発行した内国法人（その内国法人との間に完全支配関係がある者を含む，以下「発行法人等」という）の役員および使用人（以下「役員等」という）ならびに次に掲げる者のみによって解除をすることができないものであること

①　発行法人等の役員等の親族

②　発行法人等の役員等と婚姻の届出をしていないが事実上婚姻関係と同等の事情にある者

③　①または②に掲げる者以外の者で発行法人等の役員等から受ける金銭その他の資産によって生計を維持しているもの

④　②または③に掲げる者と生計を一にするこれらの者の親族

【改正後】
■自己が発行した暗号資産の取得価額
自己が発行した暗号資産については，その取得価額は発行に要した費用の額とされる（所得税についても同様）
■借り入れた暗号資産の譲渡をした場合の取扱い
法人が暗号資産交換業者以外の者から借り入れた暗号資産の譲渡をした場合において，その譲渡をした日の属する事業年度終了の時までにその暗号資産と種類を同じくする暗号資産の買戻しをしていないときは，その時においてその買戻しをしたものとみなして計算した損益相当額を計上することとされる

個人の商品先物取引による所得を申告分離課税とすることで，個人投資家がより一層市場参加しやすい環境を作り，商品先物取引市場を活発化させるという課題に取り組んでいます。

暗号資産に限りませんが，これからも同じ思想で税制面から新たな経済取引を活発化させ経済の発展につながるような税制改正がなされることを期待します。

# 2　DEX（分散型取引所）の税法上の論点

DeFiでは，今まで金融機関が行ってきた金融取引を，様々な角度で細分化・小口化することにより，個人であってもインターネットにつながっていれば金融取引の提供者となれるという点に大きな特徴があります。このDEXを通じた取引においては，以下のような特徴があることから，既存の税法を当てはめることが困難な状況となっています。

## (1)　DEX取引の進化スピード

DEXは，ブロックチェーン技術のもとで成り立っており，そのプロトコルが公開されているため，あるDEXがコピーされ，よりユーザーニーズに合うように改変され新たなDEXが次々と誕生しています。既存の金融サービスであれば許認可などの関係から新しい金融サービスを生み出すために一定の時間が必要であり，規制当局からの指導などにより一定の課税関係の検討がなされた上でローンチされることが多いですが，DEXは，ニーズに基づいて新たなサービスがどんどん生み出されていくため，規制当局による許認可・指導などなくローンチされてしまうこともあります。

DEXは，そもそもどの国に所在しているということも明らかではなく，当然，適用される税法も定かではなく，結局はDEXを利用する者の自己責任において，当該利用者の国の既存の税法を当てはめていくことにならざるを得ない状況となっています。このため，課税漏れが生じやすい領域となっています。

## (2)　ブロックチェーンの匿名性

本邦の源泉所得税や消費税などは，納税義務者が，契約の相手先を知りうる立場にあるという前提で，契約相手先が日本国内か国外かによって取扱いが変わることになっています。これに対し，ブロックチェーン技術を基礎として行われるDEX上のDeFi取引においては，相手先のウォレットIDなどはわかるものの，そのウォレットの所有者の所在地情報を入手することは，ほぼ不可能と考えられます。

スマートコントラクトにより一定の条件を充足すると一定の結果を自動的に返すことになっており，取引の相手方が誰かということについて認識する必要なく取引が実行されることになります。したがって，現状の，取引相手が誰かを把握できる前提で構築されている源泉所得税や消費税について適正な取扱いを行うことができない状況になってしまっていると考えられます。

### (3) トークンの性質決定

暗号資産，ガバナンストークン，LPトークンやNFTなどについては，ブロックチェーン上に所有者として登録されるだけであり，所有者といっても具体的に何かモノを所有するわけではありません。同じようなブロックチェーン上の「記録」について，どのような効用を有しているのかに応じてトークンの呼び名が変わっているだけであり，それぞれについて明確な境界線を引くことは難しいのではないかと考えられます。

保有する暗号資産と引換えにトークンを取得する，という比較的シンプルにみえる取引であっても，引換えに取得したトークンが暗号資産であれば，税法上は資産と資産の交換取引，すなわち課税対象取引として扱うことになりますし，LPトークンであれば引き渡した暗号資産の預入証のような位置付けとなり，課税は生じないものと理解されています。LPトークンが市場で上場して売買される可能性があることからすると，トークン同士の交換取引について，課税すべきもの，課税しなくてよいものの線引きを明確にする必要があるものと考えられます。

以下では，具体的にDEXでコインペアを作って流動性提供する場合における本邦の課税関係と問題点について検討します。

#  DEXにおける取引類型ごとの課税

DEXでの取引を開始するためには，当該DEXで用いられている暗号資産を入手する必要があります。国内販売所などで一般的に入手できる暗号資産が用いられていることもありますが，逆に海外取引所でしか取り扱われていない暗号資産が用いられているケースもあります。

ここでは，海外取引所でしか取り扱われていない暗号資産を用いてDEXでイールドファーミングする場合における内国法人および本邦居住者の課税関係について考察したいと思います。

なお，ここでは現行の税法の理解および実務上の取扱いを参照しながら妥当と考えられる税務上の取扱いを示していますが，現行の税法がブロックチェーン技術を想定していないものとなっていることから，ここで示した取扱いと異なる解釈も十分可能と考えられます。また，一口にDEXといっても，DEXごとに異なる特性を有しているため，ここで検討した事実関係と異なるものとなっている可能性もあります。

実際の申告にあたっては，使用しているDEXでの事実関係をもとに，慎重に課税関係を検討する必要があることにご留意ください。必要に応じてWeb3.0関連を得意とする税務専門家にご相談されることをおすすめいたします。

## (1)　国内取引所での暗号資産調達に関する課税関係

### ①　想定される取引

DEXでは，国内取引所で交換できない暗号資産が基軸通貨として用いられていることも多くみられます。この場合，まず個人は，国内取引所においてBitcoin，EthereumやRipple（リップル，XRP）など，海外取引所で他の暗号資産に交換しやすい暗号資産（ここでは，暗号資産A）を調達します。調達にあ

たり，法定通貨である日本円と交換する場合と，Bitcoin等を暗号資産Aに交換するパターンがあります。国内取引所において，明示された交換手数料は存在せず，国内取引所は買いと売りのレートの差により，交換手数料相当額を収受しているものとします。

### ② 所得税の課税関係

日本円と暗号資産Aとの交換の場合，本邦税務上，本邦通貨による資産の購入であるため，取引を行った個人に対して特に課税関係は生じないことになります。日本円による支出額が，購入した暗号資産Aの税務上の簿価として認識されることになります。

その一方，Bitcoin等による暗号資産Aの購入の場合，本邦税務上，Bitcoin等を時価で売却して，暗号資産Aを同額にて購入したものとして取り扱われます。したがって，暗号資産Aの取引時の円との交換レートとBitcoin等の簿価の差額が，取引を行った個人の雑所得として課税の対象になることになります。また，暗号資産Aの取得枚数を取引時の円との交換レートで換算した金額が，購入した暗号資産Aの税務上の簿価として認識されることになります。

### ③ 法人税の課税関係

基本的には上記所得税と同様の取扱いとなります。すなわち，日本円との交換の場合には課税関係なしとなり，Bitcoinとの交換の場合にはBitcoin譲渡損益の認識が必要となります。法人税においては所得区分がないため，Bitcoin譲渡益は当該法人の他の所得と合算して課税所得が認識されることになります。

また，当該法人がその事業年度末日まで暗号資産Aを保有していた場合，暗号資産Aには活発な市場があると考えられることから暗号資産Aに係る時価評価損益の認識が必要になります。

### ④ 消費税の課税関係

日本円との交換の場合には消費税は不課税となり課税関係は生じません。Bitcoinとの交換の場合，Bitcoinの譲渡は消費税の非課税として取り扱われますが，課税売上割合の計算上は非課税売上に含める必要がありませんので，事実上，不課税取引と同様の効果となります。

## (2)　海外取引所での暗号資産交換に関する課税関係

### ①　想定される取引

上記(1)で調達した暗号資産Aを，国内取引所の口座から海外取引所の口座に送り，DEXで用いられる暗号資産（ここでは暗号資産B）に交換します。送金時に国内取引所に暗号資産Aの送金に関する手数料を支払い，また海外取引所において暗号資産Aと暗号資産Bの交換手数料を支払うことになります。

### ②　所得税の課税関係

暗号資産同士の交換は，税務上，交換される暗号資産（暗号資産A）の時価での売却として取り扱われます。したがって，暗号資産Bの取引時の円との交換レートと暗号資産Aとの簿価との差額が，取引を行った個人の雑所得として課税の対象になります。

なお，取得した暗号資産Bの税務上の簿価は，暗号資産Bの取得枚数に取引時の円との交換レートを乗じたものに，交換手数料などの付随費用を加算したものとなります。

国内取引所から海外取引所に暗号資産Aを送金するために支払った送金手数料については明示的な取扱いは存在しませんが，一般的には必要経費にすることができず，税務上は無視されることになるものと考えられます。

### ③　法人税の課税関係

所得税同様，暗号資産同士の交換は，税務上，交換される暗号資産（暗号資産A）の時価での売却として取り扱われます。したがって，暗号資産Bの取引時の円との交換レートと暗号資産Aとの簿価との差額が，法人税の課税所得として認識されます。

なお，取得した暗号資産Bの税務上の簿価は，暗号資産Bの取得枚数に取引時の円との交換レートを乗じたものに，交換手数料などの付随費用を加算したものとなります。国外取引所から海外取引所に暗号資産Aを送金するために支払った送金手数料については，単純な損金として法人税の課税所得から減算されることになります。

期末時まで，暗号資産Ｂを保有していた場合，時価評価損益を認識する必要があります。

### ④　消費税の課税関係

取引が日本国内または国外のいずれで行われたものか不明であるため，暗号資産Ａの所有者の所在地で取引が行われたものとみなされると考えられます。国内取引である場合，上記⑴④Bitcoinの交換時と同様，暗号資産Ａの譲渡として取り扱われ消費税非課税売上になると考えられますが，当該非課税売上は課税売上割合の計算上，分母分子に含める必要がありませんので，実質的に消費税不課税処理がなされることになります。

【問題点】

- 暗号資産の時価は秒単位で変動しているため，上記の取引が国内取引所での暗号資産Ａ入手直後に行われたとしても，暗号資産Ａに係る雑所得を認識しなければならないと考えられます。給与所得以外の所得金額が年20万円以下の場合のサラリーマン等の確定申告不要の特例を除いて，暗号資産による雑所得については少額基準による課税の免除の規定は存在しないため，確定申告をしなければならない者にとっては，どんなに少額であってもこの雑所得の計算をしなければならないと考えられます。
- 暗号資産Ｂなど国内取引所で取り扱っていない暗号資産については円での時価評価額が明らかになっておらず，円換算するためにはドル換算額を円転する必要があります。雑所得を計算する目的のためだけに，暗号資産Ｂとドルの換算レート，ドル・円の換算レートを取引時に記録しておく必要があります。
- 所得税に特有の問題となりますが，一般的な個人が行うDeFi取引の場合，所得区分が雑所得とされるため，海外取引所へ暗号資産Ａを送金するための送金手数料を税務上必要経費にすることができないと考えられます。税務上，暗号資産Ａの取得価額は，購入代金にその資産の購入のために要した費用を加算した金額とされていますが，本件送金手数料は，購入した暗号資産Ａを海外取引所の自分の口座に送るための費用であり，購入のために要した費用とはいえないものと考えられます。また，暗号資産Ｂを購入するために要した費用とも考えにくいと思われます。したがって，一般的には本件送金手数料を税務上必要経費に算入することは難しいものと考えられています。

ただし，送金したすべての暗号資産Ａを，その送金日に暗号資産Ｂに交換する場合であれば，暗号資産Ａの売却に関する手数料として，雑所得の計算上，必要経費に含める余地があるものと考えられます。

- 海外取引所で行われる取引となるため，税務当局が税務調査しにくいという執行上の問題も生じるものと考えられます。

## ⑶　流動性マイニング/イールドファーミングの開始に関する課税関係

### ①　想定される取引

ａ）海外取引所で調達した暗号資産Ｂを，海外取引所の口座から自分が持つウォレットに送金する。

ｂ）ウォレットをDEXに接続し，暗号資産Ｂの約半分をDEX指定の暗号資産（ここではDEXガバナンストークンとする）に交換する。

ｃ）暗号資産ＢとDEXガバナンストークンの価値が同額になるようにコインペアを作り，当該コインペアをDEXに預け入れる（流動性提供）。この際，流動性提供したことを証明するLiquidity Providerトークン（LPトークン）を入手する。

### ②　所得税の課税関係

#### (i)　海外取引所の口座から自分のウォレットに暗号資産Ｂを送金する行為

自分の資産の管理場所を海外取引口座からウォレットに変えただけにすぎないため，課税関係は生じないものと考えられます。

#### ⅱ 暗号資産ＢとDEXガバナンストークンの交換行為

暗号資産同士の交換に該当するため，交換したDEXガバナンストークンの取引時の円換算額と暗号資産Ｂの税務上の簿価との差額が暗号資産Ｂの譲渡に伴う雑所得として課税の対象とされることになります。この際に購入手数料などが生じる場合，当該購入手数料はDEXガバナンストークンの取得価額に算入されることになります。

#### ⅲ 暗号資産ＢとDEXガバナンストークンを同価値のコインペアにしてDEXに流動性提供してLPトークンを入手する行為

現行実務においては，LPトークンは預入証がトークン化されたものであると考え，流動性提供による課税関係は生じないものとして整理できると考えられます。

### ③ 法人税の課税関係

上記②ⅲまでは所得税と同様の課税関係と考えられます。その後，当該法人の期末において暗号資産を保有している場合で，当該暗号資産に活発な市場がある場合には，時価評価が必要になります。DEXガバナンストークンもDEX内で活発に交換されているため，時価評価が必要と考えられます。

本件において，期末に保有しているといえるのは，DEXに預け入れられている暗号資産ＢとDEXガバナンストークンのコインペアとLPトークンがありますが，LPトークンが預入証的に扱われていることからすると，DEXに預け入れている暗号資産ＢおよびDEXガバナンストークンのコインペアの時価評価が必要になると考えられます。

なお，時価変動やDEX内で生じる手数料などの関係で暗号資産ＢおよびDEXガバナンストークンが増減している可能性がありますが，当該増減も考慮にいれて時価評価することになると考えられます。

### ④ 消費税の課税関係

#### ⅰ 海外取引所の口座から自分のウォレットに暗号資産Ｂを送金する行為

所得税・法人税同様，取引ではないため，課税関係は生じないと考えられます。

#### (ii)　暗号資産ＢとDEXガバナンストークンの交換行為

上記(1)④Bitcoinの交換時と同様，暗号資産Ｂの譲渡として取り扱われ，実質的に消費税不課税処理がなされることになります。

#### (iii)　暗号資産ＢとDEXガバナンストークンを同価値のコインペアにしてDEXに流動性提供してLPトークンを入手する行為

所得税・法人税同様，取引ではないため，課税関係は生じないと考えられます。

【問題点】

- 個人においては，最終的に保有する暗号資産について時価評価課税が行われないため，取引ごとに円単位で譲渡損益を計算して記録していく必要があり，かなりの手間を要するものと考えられます。
- 本章ではLPトークンは，一種の預入証と考えて課税関係を検討していますが，LPトークンが市場で売買できる等の場合，LPトークン自体が暗号資産に該当する可能性もあるものと考えられます。この場合，暗号資産ＢとDEXガバナンストークンを対価に，LPトークンという暗号資産を購入したことになると考えることもできるため，海外取引所での譲渡と同様の取扱いをする必要がある可能性が考えられます。

  LPトークンが資金決済法の暗号資産に該当するのか，および，コインペアとLPトークンの交換が，コインペアの「譲渡」とLPトークンの「取得」にあたるのかについては，慎重に法的な観点からの検討を行う必要があるものと考えられます。

### (4)　流動性マイニング/イールドファーミング中の課税関係

DEXで一定の手続に従ってLPトークンをロックすると，一定の料率で当該

DEXガバナンストークンを入手する権利が発生します。当該権利はDEXで一定の操作を行い，ガス代を支払うことで確定し，DEXガバナンストークンが付与されることになります。ガス代はウォレット内にある暗号資産Bにて支払われます。

#### ① 所得税の課税関係

LPトークンをロックすることによって，暗号資産等を「取得」した場合に，その取得に伴い生ずる利益は所得税の課税対象とされることになります。

#### ② 法人税の課税関係

所得税と同様の課税関係と考えられます。期末において当該DEXガバナンストークンの時価評価が必要になると考えられます。

#### ③ 消費税の課税関係

ロックすることにより得られるDEXガバナンストークンについて，PoSにて生み出されるトークンの一部の割当てと考えると，消費税は不課税と考えられます。

【問題点】

- 税務上，DEXガバナンストークンを「取得」した場合に，課税関係が生じることになりますが，この「取得」の定義について問題になる可能性があります。すなわち，LPトークンをステーキングすることで，DEX上に表示される自分自身のDEXガバナンストークンの持分は増加していきますが，ガス代を払ってブロックチェーン上で記録されるまではあくまで「権利」であり，他の暗号資産などに交換することはできません。このガス代を支払う前の「権利」の状態にあるDEXガバナンストークンについて，「取得」されたものとしてその経済的利益に課税するべきか税務上の取扱いについては慎重に検討する必要があります。
- 消費税について，LPトークンの貸付に係る利用料という整理を行うこともできる可能性があります。この場合，消費税の課税取引として取り扱われるものと考えられます。輸出免税の適用については，貸付の相手先は不明であり，実際には国外の可能性がありますが，それを証明することができず，結局は輸出免税の規定の適用は受けられないと考えられます。したがって，LPトークンの貸付という整理をした場合，消費税は課税取引とされることになると考えられます。

## (5)　流動性マイニング/イールドファーミング終了時の課税関係

一定のステーキング期間経過後，LPトークンと引換えに預け入れられていたコインペア（暗号資産ＢとDEXガバナンストークン）を引き出すことができます。当該コインペアは暗号資産ＢとDEXガバナンストークンの価値が同価値になり，かつ，それぞれの数の積が一定の値になるように調整されて払い出されることになります。また，この払出しの際に，流動性提供に係る手数料相当額がDEXガバナンストークンに追加されることもあります。

### ①　所得税の課税関係

流動性解除に伴い，暗号資産ＢおよびDEXガバナンストークンが流動性提供時とは異なる数量で払い出されることになります。流動性提供時に暗号資産ＢおよびDEXガバナンストークンを譲渡扱いしていないため，払出時において数量が増加した暗号資産ＢおよびDEXガバナンストークンについて増加した数量×時価分の雑所得認識が必要になると考えられます。その一方，数量が減少した暗号資産ＢおよびDEXガバナンストークンについては，減少した数量×時価分の雑所得の損失を認識することができるものと考えられます。

なお，この払出しの際に経済的にはインパーマネントロスが生じることがありますが，当該インパーマネントロスは一種の機会損失と考えられ，税法上は無視されてしまうものと考えられます。

### ②　法人税の課税関係

所得税と同様の課税関係と考えられますが，期末まで保有される暗号資産Ｂ

およびDEXガバナンストークンは，時価評価の対象となると考えられます。

### ③　消費税の課税関係

払出しにより暗号資産ＢまたはDEXガバナンストークンについて減少した数量分の譲渡があったものとみなされると考えられます。暗号資産Ｂの譲渡については，消費税法上，非課税売上として取り扱われますが，課税売上割合の計算上は非課税売上に含める必要がないため，事実上不課税取引と同様の効果となります。

DEXガバナンストークンについては，資金決済法２条の「暗号資産」に該当する場合には上記暗号資産Ｂと同様の取扱いとなりますが，「暗号資産」に該当しない場合には，特に譲渡対価の額，譲渡の相手方の所在地（国内か国外か）について慎重な検討が必要になると考えます。

# 4 レンディング（貸し手）の課税

次に，トークンレンディングプラットフォームを用いて所有する暗号資産を不特定多数のユーザー間で貸借する取引について考察します。

この場合，利用者が暗号資産をトークンレンディングプラットフォーム上のコントラクトに送付し，ロックします。暗号資産をロックするとトークンが交付されます（CompoundであればcToken)。このトークンの価値は時間の経過とともに増加することになっており，ロックを解除して暗号資産を引き出す際にこのトークンが償還され，預け入れた暗号資産よりも多くの暗号資産を入手することができるようになっています。

また，ロック時に交付されるトークンのほかに，ガバナンストークンが交付されることもあります。

## (1) 不特定多数のユーザー間でのレンディング取引の課税

### ① 所得税の課税関係

国税庁公表の「暗号資産に関する税務上の取扱いについて（FAQ）」では，レンディングにより暗号資産を取得した場合，その取得した暗号資産の取得時点の価額（時価）については所得の金額の計算上総収入金額に算入され，それに要した費用については必要経費に算入されることとされています。

つまり，トークンを償還し，利息相当として増加した暗号資産の価額が個人の雑所得として課税されるものと考えられます。

また，ガバナンストークンについても市場で売買できるものであれば価値があるものと考え，当該ガバナンストークンの取得時の価額で個人の雑所得として課税されるものと考えられます。

### ② 法人税の課税関係

所得税同様，レンディングによる暗号資産の取得は益金の額に算入されることになります。したがって，レンディングによって増加した暗号資産およびガバナンストークンの価額について益金算入されることになります。

また，期末まで保有される暗号資産およびガバナンストークンは，時価評価の対象となると考えられます。

### ③ 消費税の課税関係

国税庁公表の上記FAQでは，暗号資産の貸付けにより利用料を得る場合には，消費税が課されることが明記されています。海外のトークンプラットフォームを利用している場合の内外判定については，暗号資産の貸付け時に暗号資産の所在地が明らかではないことから，貸し手の事務所の所在地となるものと考えられます。

また，輸出免税の適用も考えられますが，トークンプラットフォームを通じた暗号資産の貸付については，相手先が明確になっておらず，仮に非居住者が相手先であっても輸出免税を適用するために必要となる輸出証明資料を入手することが困難であると考えられます。したがって，消費税は利息相当額として取得した暗号資産を対価とする課税取引として整理されるものと考えられます。

【問題点】

- ロックされた際に交付されるトークン（cToken）が，法律上，暗号資産に該当するのであれば，レンディングした暗号資産とロックにより交付される暗号資産の交換取引と考えることもできると思われます。この場合，ロック時にレンディングした暗号資産の含み損益が実現することになると考えられます。
- ステーブルコインの貸付けであれば，ほぼ当該通貨を貸し付けたのと同様の経済的効果を得られるにもかかわらず，金銭による貸付けと暗号資産の貸付けが税務上異なる課税関係となってしまうことが問題として残されていると考えられます。
- トークンプラットフォームより，暗号資産を借り入れる場合，その利息相当額に対して源泉徴収する必要があるか問題になると考えられます。誰から借りているか明らかではなく，また暗号資産の貸付けが源泉徴収を要する国内源泉所得の範囲に規定されていないことから，実務的に非課税として取り扱われているものと考えられます。

# おわりに

これまでの金融サービス（伝統金融・TradFi）は，大規模な組織を有する金融機関が中心となって，厳格な規制枠組みに従って，企業や一般市民に対して一方向で提供するものでした。これに対して，DeFiは，提供される金融商品自体は従来からのものとさほど異なりませんが，ブロックチェーン技術を基盤とした分散型のシステムによって，金融機関の介在なしに，様々な属性の参加者が双方向的に金融サービスを提供し合うことを可能にするものです。

この新しい金融サービスは近時の急速なデジタル技術の発展により勃興しました。そして，このような伝統金融からDeFiへの流れは，マスコミによる一方向的な情報提供が，SNSによる一般市民間での双方向的な情報のやり取りへと変化し，さらに大規模デジタルプラットフォーマーを介さずにそのような情報のやり取りを可能にしようとするWeb3.0（Web3）による挑戦に至る流れと軌を一にするものといえるでしょう。

その意味で，DeFiはデジタル時代の必然といえますが，そのあり方が従来の伝統金融とあまりに異なるため，そのビジネスモデルを理解することは必ずしも容易ではありません。さらに，伝統金融に対して適用される法律は，金融サービスの提供者をその名宛人とすることによって機能してきましたが，DeFiの世界においては，現行の法規制等を適用すべき名宛人が不存在または不明瞭であるため，どのように現行法を適用すべきなのかについては十分に議論されていませんし，DeFiに適した新しい法制度等を設けようという動きはまだない状況です。

本書は，このような認識のもと，DeFiのビジネスとこれに対して適用されうる法律・会計・税の現状をできるだけわかりやすく整理し，さらに今後予想される展開にも可能な限り触れるという目標をもって，執筆者一同がチャレンジした成果です。執筆の過程では，その内容につき相当に悩み，時間を要することになりましたが，執筆者一同がそれぞれの専門性をベースに繰り返し議論を行ったことで，この難しい執筆企画を乗り切って，本書を世に出すことができました。

本書が読者の皆様にとってのDeFiへの道しるべとなれば幸いです。

最後に，本書の出版にあたっては株式会社中央経済社の土生健人氏に大変お世話になりました。この場を借りて御礼申し上げます。

2023年５月　執筆者を代表して

アンダーソン・毛利・友常 法律事務所 外国法共同事業
弁護士　河合　健

〈編者紹介〉

## 株式会社HashHub

株式会社HashHubは「パブリックブロックチェーンの恩恵をより多くの人に」をパーパス（存在意義）とし，パブリックブロックチェーンの可能性を最大限に引き出し，社会に価値を届けます。2018年４月に設立し，2023年４月よりSBIグループに参画しています。ブロックチェーン総合企業として，暗号資産・WEB3の専門リサーチサービスの「HashHubリサーチ」，貸し暗号資産サービスの「HashHubレンディング」，ブロックチェーン特化型コワーキングスペースの運営・提供を行っています。

## KPMGジャパン

KPMGジャパンは，KPMGの日本におけるメンバーファームの総称であり，監査，税務，アドバイザリーの３分野にわたる８つのプロフェッショナルファームに約9,000名の人員を擁しています。KPMGジャパンは，クライアントが抱える経営課題に対して，各分野のプロフェッショナルが専門的知識やスキルを活かして連携し，またKPMGのグローバルネットワークも活用しながら，価値あるサービスを提供しています。日本におけるメンバーファームは以下のとおりです。
有限責任 あずさ監査法人，KPMG税理士法人，KPMGコンサルティング株式会社，株式会社KPMG FAS，KPMGあずさサステナビリティ株式会社，KPMGヘルスケアジャパン株式会社，KPMG社会保険労務士法人，株式会社KPMG Ignition Tokyo

## アンダーソン・毛利・友常 法律事務所 外国法共同事業

アンダーソン・毛利・友常 法律事務所 外国法共同事業は，1950年代初頭より，日本における本格的国際法律事務所の草分けとして，常に第一線で活躍してきたアンダーソン・毛利法律事務所，グローバルな証券発行等の国際金融取引やクロスボーダーの投資案件の分野において特に多くの実績を積んできた友常木村法律事務所，および，国際倒産・事業再生分野や危機管理部門において豊富な経験を有し，これを米国の大手法律事務所との外国法共同事業を通じて展開してきたビンガム・坂井・三村・相澤法律事務所（外国法共同事業）が合併・統合して誕生した，総合法律事務所です。
当事務所は，合併・統合による得意分野の相乗効果と規模の拡大により，いっそう幅広く質の高いリーガル・サービスを機動的に提供し，多種多様な依頼者が直面するあらゆる法律問題や複雑な分野横断的案件に対して，迅速かつ的確に対応しております。現在，当事務所には，M&A，ファイナンス，キャピタル・マーケッツ，事業再生・倒産，訴訟・仲裁をはじめ，企業活動に関連するほぼすべての専門分野に，豊富な実績を有するバイリンガルの弁護士が数多く所属しています。

## 〈著者紹介〉

**平野　淳也**（ひらの　じゅんや）　担当：序：DeFiの未来

株式会社HashHub　CEO

学生時代に衣料品・物販事業を創業して譲渡。2013年頃から暗号資産領域へ活動を広げる。個人での投資活動や国内外企業へのコンサルティングを行う。2017年には合同会社d10n Labを創業して暗号資産領域のレポートサービスとしてユーザー数が国内有数の規模に成長する。2018年にHashHubに創業メンバーとして参画して2019年にCEOに就任。

**城戸　大輔**（きど　だいすけ）　担当（共著）：第１章

株式会社HashHub　リサーチ事業責任者

有料暗号資産メディアに２年半リサーチを寄稿。大手DeFiプロトコルの日本コミュニティマネージャーとしてグラントを獲得。2021年にHashHubに参画し，2022年よりリサーチ事業責任者に就任。

**矢成　将雄**（やの　まさお）　担当（共著）：第１章

株式会社HashHub　リサーチャー

2018年に国内初DeFiプロトコル専門メディアを創業・運営に従事。2020年にHashHub参画，主にレポート執筆，メディア編集，法人向けサービスを担当。

**保木　健次**（ほき　けんじ）　担当：第２章

KPMGジャパン　Web3.0推進支援部部長

有限責任 あずさ監査法人 金融統轄事業部　ディレクター

国内外の金融機関にてファンドマネジメント業務等を経験した後，2003年に金融庁に入庁。証券取引等監視委員会特別調査課，米国商品先物取引委員会（CFTC），金融庁総務企画局市場課，経済協力開発機構（OECD），金融庁総務企画局総務課国際室にて勤務。2014年にあずさ監査法人入所。FinTech／Web3.0関連アドバイザリーの責任者として，暗号資産交換業，金融サービス仲介業および電子決済等代行業を含むFinTech関連規制対応やセキュリティトークン，ステーブルコインおよびDAO（分散型自律組織）を含むWeb3.0推進支援等のアドバイザリー業務に従事。QUICK仮想通貨ベンチマーク研究会事務局や日本暗号資産ビジネス協会のアドバイザーやユースケース部会長，カストディ部会長など業界の発展にも貢献。

**河合　健**（かわい　けん）　担当（共著）：第３章

アンダーソン・毛利・友常 法律事務所 外国法共同事業　パートナー

弁護士

東京銀行，東京三菱銀行勤務を経て2009年弁護士登録。スタートアップから大手金融機関まで広くFinTech，デリバティブ，金融規制等に関連する各種のリーガルアドバイスを行っている。また，自由民主党デジタル社会推進本部web3プロジェクトチーム・ワーキンググループメンバー，日本金融サービス仲介業協会監事，日本STO協会法律顧問，および日本暗号資産ビジネス協会法律顧問を務める。

**長瀬　威志**（ながせ　たけし）　担当（共著）：第３章
アンダーソン・毛利・友常 法律事務所 外国法共同事業　パートナー
弁護士，ニューヨーク州弁護士
金融庁総務企画局企業開示課に出向した後，国内大手証券会社法務部に２年間出向。金融庁出向中は主に開示規制に関する法令・ガイドラインの改正，スチュワードシップコードの策定等に携わり，証券会社出向中は各種ファイナンス案件，FinTech案件，コーポレート案件へのアドバイスに従事。当事務所復帰後は，暗号資産交換業・デジタル証券，電子マネー決済等のFinTech案件を中心に取り扱うとともに，国内外の金融機関に対するアドバイスを提供。

**福井　崇人**（ふくい　たかと）　担当（共著）：第３章
アンダーソン・毛利・友常 法律事務所 外国法共同事業　パートナー
弁護士
金融庁監督局に２年半出向した後，日本暗号資産取引業協会に２年間出向。金融庁出向中は金融会社室において暗号資産交換業者向け事務ガイドラインの策定等に携わり，暗号資産取引業協会出向中は自主規制規則の策定および協会運営事務全般に従事。当事務所復帰後は，暗号資産を中心としたFinTech案件を中心に取り扱うとともに，デジタル証券の発行など金融機関に対するアドバイスを提供。

**奥田　美希**（おくだ　みき）　担当（共著）：第３章
アンダーソン・毛利・友常 法律事務所 外国法共同事業　アソシエイト
弁護士
金融庁企画市場局市場課に２年間出向。金融庁出向中は金融商品取引法改正に携わる。当事務所復帰後はFinTech案件（主に暗号資産・ブロックチェーン関連），資金決済法・金融商品取引法等の金融規制を中心に取り扱う。

**関口　智和**（せきぐち　ともかず）　担当：第４章
有限責任 あずさ監査法人 金融事業部　パートナー
公認会計士，米国公認会計士，日本証券アナリスト協会認定証券アナリスト
1995年に朝日監査法人に入所後，主に金融機関の監査やアドバイザリー業務に従事した。その後，金融庁で証券監督者国際機構（IOSCO）の業務等を通じて国内外の会計・監査制度の策定に関与したほか，企業会計基準委員会（ASBJ）で研究員および常勤委員として，会計基準の開発に従事した。2016年４月より現職。現在，金融機関やFinTech企業に対する監査やアドバイザリー業務に従事しているほか，開示高度化推進部長として企業情報の開示の充実に取り組んでいる。

**渡邉　直人**（わたなべ　なおと）　担当（共著）：第５章
KPMG税理士法人 FinTech部門　パートナー（福岡事務所長兼任）
税理士
1999年アーサーアンダーセン税務部門（現KPMG税理士法人）に入所後，2010年KPMGシドニー事務所への出向，2012年株式会社ディー・エヌ・エーへの転籍を経て，2014年KPMGに復帰し，パートナーに就任。金融・メディアエンターテイメント・IT関連の事業領域および成長企業に対する税務にフォーカスした税務業務に従事している。

**小林　研太**（こばやし　けんた）　担当（共著）：第５章
KPMG税理士法人 FinTech部門　パートナー
税理士
2001年アーサーアンダーセン税務部門（現KPMG税理士法人）に入所後，金融およびソフトウェア関連の事業領域に関する税務アドバイザリー・税務コンプライアンス業務に継続的に従事している。また2007年KPMGフランクフルト事務所出向後からは，PE・不動産ファンド関連の税務アドバイザリーおよび暗号資産やSTO関連の税務アドバイザリーにも従事している。

**鎌田　直弥**（かまだ　なおや）　担当（共著）：第５章
KPMG税理士法人 FinTech部門　シニアマネージャー
税理士
2010年KPMG税理士法人に入所後，2014年KPMGミュンヘン事務所への出向，2015年KPMGダブリン事務所への出向を経て，2017年KPMG税理士法人に復帰し，金融・IT関連の事業領域および成長企業に対する税務アドバイザリー・税務コンプライアンス業務に従事している。

**DeFiビジネス入門**

**分散型金融の仕組みから法律・会計・税務まで**

2023年6月25日　第1版第1刷発行

編者　株式会社HashHub
KPMGジャパン
アンダーソン・毛利・友常
法律事務所
外国法共同事業

発行者　山本継

発行所　㈱中央経済社

発売元　㈱中央経済グループ
パブリッシング

〒101-0051　東京都千代田区神田神保町1-35
電話　03（3293）3371（編集代表）
03（3293）3381（営業代表）
https://www.chuokeizai.co.jp

印刷／㈱堀内印刷所
製本／㈲井上製本所





ISBN978-4-502-45581-0　C3034